台灣的選擇

亞太秩序與
兩岸政經的新平衡

顏建發——著

推薦序

趙春山[*]

顏建發博士是我多年好友，他說話慢條斯理，看起來十分「溫良恭儉讓」。建發兄學而優則仕，曾在民進黨執政時短暫擔任公職，但我們一直保持長期聯繫。雖然建發兄和我政治立場不同，但都能理性討論彼此共同關心的問題，並且尊重對方不同的意見。就因為擁有這樣的互信，當建發兄邀請我為他的大作發表讀書心得時，相信他就已經做好了心理準備，知道我會雞蛋裡挑骨頭，因此客氣地請我可以不客氣地給他「批評指教」。

以「台灣的選擇」作為主題，或許因為作者判斷，台灣當前的內外處境，已面臨必須決定「何去何從」的關鍵時刻。建發兄從學術的觀點，對於各種環境因素做了精闢的分析，其中包括中國大陸的和平崛起，美國再平衡政策牽動的亞太新秩序，以及台灣政黨輪替對兩岸關係的影響。建發兄的分析相當客觀，他認知到中共改革開放後取得的重大成就，並且從歷史社會學的角度，提出了中國大陸經濟條件改變後，可能引發的一些社會問題。對中共而言，這是一個際遇與挑戰並存的時刻。中共十八屆三中全會後出檯的龐大深

---

[*] 現任亞太和平研究基金會董事長、淡江大學中國大陸研究所專任教授。

化改革方案，顯示出「習李體制」旺盛的企圖心。無論今後中共改革成敗如何，都會影響到台灣的選擇。

　　同樣地，對於中國大陸周邊國家而言，中共崛起也讓它們產生了際遇和挑戰並存的矛盾心理。周邊國家覬覦中國大陸龐大的市場；但伴隨的卻是對「中國威脅論」的疑慮。建發兄從「圍堵」的觀點，分析美國再平衡政策對亞太國際關係的影響。但因美國與中共一直存在一種「既聯合、又鬥爭」的關係，所以我們不能為了突出他們之間的「對抗面」，而忽略了其中的「合作面」。美國今後是否出現再平衡政策的「再再平衡」？中共構建「新型大國關係」的主張，是否讓美中關係產生質變？這些都是未知之數。目前斷言亞太秩序會呈現何種面貌，可能言之過早。

　　影響台灣的選擇，關鍵還是我們自己。遺憾的是，認同問題和政黨惡鬥，不但窄化了我們選擇的空間，也虛耗了我們選擇的籌碼。想想看，台灣如果不能自我定位，又如何能為兩岸關係定位。事實顯示，台灣內部曾長期存在「不知為何而戰」的困惑。影響所及，台灣一度陷入邊緣化的危機，甚至走過一段自我孤立的道路。建發兄身歷其境，對此必當有所感觸。所幸，國民黨重新取得執政地位後，馬英九總統以憲法為依據，確定了國家發展的戰略目標，並從正視現實的角度，採取了兩岸和解和活路外交的策略手段。不可否認，兩岸關係和對外關係，目前都是處在最佳的狀態。

　　建發兄在本書結論中認為：「經濟上依賴中國，安全上依賴美國，這仍是目前乃至未來相當時間內台灣必須面對的現實。」這樣的判斷符合現實，只是，我們必須建構的是兩岸互利共贏的經濟關

係，而非誰讓利給誰的依賴關係；台灣與美國的關係也非止於安全的層面，還應包括雙方共同享有的價值、制度和生活方式。

最後，感謝建發兄讓我擁有對他大作先睹為快的機會，也佩服他有接受逆耳忠言的雅量。根據報導，民進黨內部正在進行大陸政策的檢討，我們期待其中包含了諸如建發兄這樣理性的聲音。在台灣，只有理性面對，才能進行藍綠溝通，才能做出符合全民利益的最佳選擇。

台灣的選擇

推薦序

林濁水[*]

建發君說，他 1990 年開始投入中國研究的領域。1990，這時間再湊巧不過了。從這一個時間點開始，他見證了兩岸從早期單純的不相往來迅速走到今天難以置信的複雜的整個過程。在這期間，他既做學術研究，教書，又在政府部門工作還曾擔任民進中國事務部主任，這些不同的經歷既要求他入戲當演員又要求他出戲當觀察家，在既入戲又出戲中，他累積的豐富學術研究和實務經驗，現在都轉換成他這部大作的紮實內容。

有這些好條件，建發君卻說他不想依循學界正宗要求，提出一個理論架構然後把歷史過程填上去並作預測；他要依問題意識舖陳出歷史事實。二十年來無論是國際大勢、東亞格局、兩岸關係，變化實在太快、太新、太複雜了，所以建發君這樣做，並不只是基於過度的謙虛，也是合理明智的選擇。

1990 年，北京正為天安門事件帶來的國內外衝擊而驚魂不定，1991 年蘇聯帝國更有如天崩地裂地瓦解，但再一年，1992，鄧小平便透過南巡講話把中國從退縮中再推回改革開放的軌道上，這很湊巧地和台灣李登輝總統推動的開放兩岸經貿接軌了起

---

[*] 民主進步黨創黨成員之一，曾任立法委員、民進黨中央政策會執行長。

來，此後雖然經李登輝總統以戒急用忍踩煞車，但是 2000 陳水扁
總統一上台立刻以積極開放猛踩油門，於是台商全球運籌架構配合
中國的磁吸作用，兩岸經濟在全球化中快速整合，而中美也形成了
盛傳一時的 Chimerica 體制，而台灣成為銜接中美貿易的一個樞
紐，美、中、台緊密結合成為 Chiwanrica 架構，在這體制中，中
國經濟成長快如飛，而美國和台灣則成長愈來愈減速。1990 中國
GDP 只有 3,878 億美元，才台灣 1646 億的 2.36 倍，日本 30,522
億的 12.7%，美國 58,033 億的 6.7%。但是到了 2009 中國 GDP 一
舉以 5.2 兆領先日本的 5.0 兆，成為台灣 0.39 兆的 13 倍！美國 14.8
兆的 35.13%。這大大地使台灣心驚。

　　1992 中國重回改革開放後，大家想像的緊接在冷戰結束的世
界新秩序，是福山描述的歷史終結的永恆的民主和平，為迎接這幸
福的新秩序，太平洋第一島鏈上的國家全面急急要求美國後撤在東
亞的軍事佈署（包括 2008 剛剛上台的馬政府，稀奇的是反而遠在
東南亞的李光耀採取相反的立場。）；然而 1996 台海飛彈演習復活
了美日安保條約，到了 2013 年，島鏈上各國大 U-Turn，唯恐美國
放棄亞太再平衡策略，不「重返亞洲」。2013 年，國家安全會議，
防空識別區等冷戰初期設施隨著海上軍事演習愈來愈頻繁，規模
愈來愈大而全面在第一島鏈上復活重生，島鏈上緊張遠遠超過冷
戰時期。

　　在二十年來太快、太新、太複雜的變局中，種種依據舊理論對
新形勢提出的洋洋灑灑解釋或簡潔的論斷，經常在提出來時非常吸
睛，但受到的關愛往往沒什麼可以維持三年時間而沒被遺忘放在一
邊的。公開提出的論述固然這樣，隱藏在政策後的論斷也是如此，

最典型的是一代現實主義縱橫大家季辛吉，他以為《上海公報》一旦簽成，兩岸的統一將是幾年內的事情；號稱最現實主義，從不浪漫幻想的鄧小平也在同樣的基礎上平靜篤定地斷定中國 80 年代解決台灣問題，如今，他們兩人的期待早就落空了。

儘管之後自信的睿智論述、政策主張仍然持續被提出，但仍然只是用來證明台灣雖小，但牽動出來的兩岸關係，它變化的快、新、複雜，真是遠遠超過這些和鄧小平、季辛吉一樣絕頂聰明的英雄豪傑的想像之外而已。例如，台灣將在國際權力轉移過程中被擠壓到毫無空間的主流論斷言猶在耳，我們卻已發現，因各強國適度地採取中立化台灣的策略，而台灣命如同橫掃東亞上空的巨颱的颱風眼似的，相對地處在平靜的空間。

本書書寫另一個明智之舉是，在敘事過程中以中國的政策當作鋪陳的主軸。

沒有主觀價值立場，就不可能擬定出什麼優秀的大戰略；但是主觀掛帥扭曲了對客觀事實的理解當然也是個災難。中國的主觀政策又實際成了台灣、美國必須面對的客觀現實，不幸，美中台不管是當權者或學界謀士，能免於主觀掛帥時不致忽略中國真實的意圖的真是幾希，於是對於因為巍巍崛起而益發想要改變亞太現狀的中國，便弔詭地產生「既過又有不及」的理解和判斷。這類的誤判在台灣一切以炒短線為時尚的作風之下更形嚴重。

回到北京的政策主軸，——中國始終把終極統一當作它和台灣進行政、經、文化，官方、民間交流的政策前提，建發君除了提醒我們在擬定兩岸政策時記得這一點外，他還特別指出了一個國民黨因為受制約於自己價值觀以至於完全沒有感覺的中國策略：中國和

台灣經濟交流，並不是只是為政治目的以至於處處以對台灣讓利為原則；事實上，建發君清楚地指出，中國和台灣談判 ECFA 的同時卻封殺台灣和其他國家簽 FTA 並不只是一種政治性的外交封殺而已，更是一個經濟上以中國為軸心 hub，使台灣成邊陲 spoke 的經濟戰略擠壓。

對照建發君這一個點醒，我們可以清楚國民黨想像的「兩岸經濟互惠」和「依賴中國讓利」戰略是多麼的脆弱；而「兩岸零和」關係的內容，恐怕也不只是綠營強調的會造成「台灣產業空洞化」和產生「政治傾斜」而已。其實兩岸 hub vs. spoke 之爭恐怕比建發君提到的中國對台灣的 ECFA／FTA 策略還早。1990 年代國民黨的偉大夢想，亞太營運中心就效法新加坡或香港而以台灣為 hub，以中國 spoke 的策略。1990 年代台灣經濟仍然處在被大家讚美是四小龍之首並為中國取經對象的顯赫地位，中國對台灣的經貿關係既愛且怕，對國民黨的偉大夢想更加戒慎恐懼，所以直到陳水扁執政時期都是口稱台灣不應抵制三通，而實際上的抵制者反而是北京。等到馬總統上台，不敢再幻想自己是 hub 中國是 spoke，反而大U-Turn，只想「站在中國大巨人肩上成為小巨人」，依賴中國而633。這給了北京利用馬執政團隊在意識形態支配下認為有通台灣就發的夢想，透過把兩岸航線界定成國內線，讓雙方的航運的 hub vs. spoke 關係從此底定，台灣的海港空港全被降級成為為中國的衛星港，高港在三通後貨櫃吞吐量毫不意外地史無前例地連降三年。

中國不只以建立 hub vs. spoke 架構做雙方經濟交流的重要戰略目標，也以打破既存的 Chiwanrica 架構使產業鏈上剩下乾淨的 Chimerica 架構做目標。在中國「騰籠換鳥」的目標下，所有台灣

有國際競爭力而出口到中國的高端機械、石化紡織上游、面板、LED 等電子零組件等項目，既在 ECFA 早收清單上被封殺，北京還加碼支持中國廠商擴廠，不惜以生產過剩為代價進行競爭，造成今天台灣的面版、LED、太陽能等電子零組件產業面臨全面被替代危機；不只如此，還透過「設定中國規格」的策略逆轉兩岸產業上下游整合態勢，建立和台灣的電子產業的 hub vs. spoke 關係。如今台灣經濟在四小龍中敬陪末座，原因無非是中國的兩岸經貿戰略發生了相當顯著的效果。

講到這裡，我們發現建發君愈是採取平實而連貫性的態度為我們回顧這短短的二十三年，愈令我們冷汗淋漓；當然，我們也在他連貫性事實的敘述中發現了許多我們原先過度了的一些杞人之憂，而喘了一口氣——尤其在本來被認為最該出問題的外部國際政治情勢方面，這使我們未來在選擇兩岸政策時有更符合現實的認識基礎。

本書雖然依據事後的事實的舖陳，指出了一些無論藍紅綠甚至美方在認識上的偏誤，但到底篇幅有限，有許多和本書舖陳的事實難以合致的重要而現在仍然流行的偏誤，本書仍然沒法以足夠文字加以深入批評，例如假使兩岸和美國在全球化中已透過台商形成 Chiwanrica 架構，那麼，所謂的台灣「經濟依賴中國，政治軍事依賴美國」的主流論述便站不住腳了；又如假如誰擁有政權誰才真正壟斷兩岸交流政策的決策和執行權的話，所謂兩岸交流被國民黨壟斷的主流說法也有問題；另外如果在《反分裂法》通過後如本書描述的，中國務實的統戰政策密集持續推出，主流《反分裂法》是中共急於武力犯台行出來的「武力犯台法源」的說法也要重新評價；

再如，由於全球權力轉移，在美中日「三大」擠壓下台灣「難為小」的困境越來越突出的說法，就完全和最近一年來台灣成為東亞巨颱颱風眼的現象不相符合；假如中共對台經濟戰略中，hub vs. spoke 和產業政策對台進口替代是當前的核心考量，那麼所謂對台「外交打壓，經濟拉攏」，以及兩岸「經濟互惠，主權零和」的關係的說法就有待修正……等等。最後，在檢討了中國、國民黨的兩岸政策後，民進黨的也應該被檢討，只是，這一來本書的篇幅怕就要加一倍以上了。既然本書言猶未盡，那麼寫一本新的力作，這應該是本大作讀者對建發君的最大期待。

　　帶著感佩心情，在憂喜交加之中為建發兄寫了這篇序向大家推薦，並向建發君大表新的期待。

目　次

台灣的選擇

緒論

　　這是一本我長期觀察中國崛起以及思索台灣將何去何從的心得紀錄。我從一九九〇年開始進入中國研究這個領域。過去這二十幾個年頭，我念茲在茲的是，這個逐漸走向改革開放的國家的發展樣態如何，它又會對於台灣的國家發展命運產生何種的作用與影響？二十餘年來，我因工作異動而研究題材略有變化，但盯著中國的發展以探索台灣的前途，卻是心底不變的主題。這個主題所開展出的內容，既廣且深，像浩瀚無垠的大海，讓人驚奇神往，卻也常常感到茫然與無助，尤其當思索自己熱愛的這塊寶島在複雜國際關係中，應如何面對中國這一崛起的巨靈時，常會有知識受限而經驗不足的怯懦與困擾。

　　這本書的主題與架構幾年前就浮現，但決心寫這本書時，猶豫再三，畢竟能力有限，而這一主題所涉者，經緯萬端。後來決定下筆是出於策略考量：一者，讓自己積極起來，對於過去雜亂的思索能有個整理，再者，讓自己雜亂無章的觀察變成未來系統觀察的新座標。由於這本書的寫法雖是立足於歷史資料，但同時也是指向未來發展的分析，因此，對過去不免會失之選擇性關注，對未來則不

免失之一廂情願式的預測。但無論如何，事實勝於雄辯，未來發生的事正可以用來作為修正它，甚至丟棄它的依據。想到這裡，心裡滿是歡喜，而不再有太多負擔。

1992 年 5 月底，因為博士後的研究課題需要進一步深化，柏克萊大學東亞研究所資助我前往中國進行國營企業與鄉鎮企業的田野訪問與考察，過程有太太小玫的陪伴，這是我與中國的第一次接觸。沿著廣州、廈門、上海、北京、成都這條主線，也參訪附近的縣市，途中看到一個經歷天安門事件後，再一次開放的中國，雖然一般在器物或思想上都還相對落後，但全民追逐經濟利益的熱勁，卻有著雨後春筍般，欣欣向榮的生機，讓旅行中的外人心裡有一種強烈的震撼與感動。1993 年秋重回國策中心，專注研究台灣西向和南向的課題，由是讓我開始進入認真思索兩岸關係的未來。過了幾年，工作起了異動，到民進黨中央任職四年、進清雲科技大學（現改回健行科技大學）、任教期間借調外交部四年，2008 年 5 月再返回學校教書。這段期間，我研究的注意力有所轉移，但核心的關懷卻依然沒有改變。而儘管如此說，回顧這二十幾個年頭，不論台灣、中國或外在世界，可以說歷經了天翻地覆的變遷，對於我而言，最深刻的印象則是，見識到中國由貧窮與落後而邁向崛起的過程，而相對地，自己的國家卻是由經濟奇蹟、政治奇蹟的驕傲走向令人憂慮與徬徨的階段。

我的基礎訓練是社會學。這樣的學術訓練讓我深知客觀分析的重要性，但也不否認，任何分析者皆受限於個人的生命際遇、價值選擇、以及政治理念的偏好之影響而無法全然客觀，下筆時難免會有選擇性的關注以及特定立場的評論。這些務請讀者特別留意。這

本書寫得有點倉促，理由是局勢變化快速而多樣，而我上有教書工作和生活雜務纏身。為了補此缺失，本文完稿後曾委請兩位過去民進黨中國部時期的同事好友余莓莓博士和包淳亮博士看過，並給予修正意見。他們兩人讀得很細，也給了不少寶貴的修正意見，也藉此機會向他們致謝。當然，文責要由我自負。

在本書的撰寫過程，我嘗試用歷史社會學的角度來分析。我依著心裡頭的問題意識，透過歷史事件的耙梳，而拼圖成一些結構性的現象，然後據以論述。我不想循著社會科學的正宗要求，先論證一個清楚的架構，再進行歷史考察，而是在閱讀資料時，時時不忘對於資料進行歸納的工作，而這些歸納的能力都是過去閱讀理論書籍時所培養的。我希望將理論架構或論證的工作，留在下個階段思想與研究較成熟的時候，再來從事。如前所言，這本書只是個記錄，是過去所發現的現象的歸納，也是未來研究的新起點。

本書的章節架構是：第貳章「亞太經貿新秩序的成形與瓶頸」、第參章「中國與周邊大國的政經關係」、第肆章「圍堵中國擴張的海上結盟」、第伍章「中國尋求突穿的脆弱環節與民進黨的邊緣化：2000-2008」、第陸章「中國將台灣編入其政經體系的努力：2008-2012」、第柒章「國民黨扈從中國的機會與風險：2012-2016」、第捌章「亞太與兩岸的政經格局與台灣的選擇」、第玖章「結論」。很清楚地，以台灣生存發展作為問題意識來貫穿，在層次上是由外而內、由大而小的分析手法；而主題分析由中國的作為出發，關心的卻是台灣的發展。我認為知彼應更重於知己。

第貳章「亞太經貿新秩序的成形與瓶頸」主要回顧中國過去這幾十年的發展。它可以說是一部躍昇與擴張的歷史，一方面它不斷

地向世界體系的上端躍昇,另方面則不斷地向其周邊擴張。前者,它從邊陲經濟在歷經幾次全球或區域的政治經濟危機而攀升上來;後者,它藉著經濟與政治影響力,不僅打通了它內部的藩籬,且擴及其周邊國家,顯現其意志力與支配力。中國的經濟同時展現了兩種優勢,在質的方面,自亞洲金融風暴後,其境內多數的省份或地區逐步由邊陲往半邊陲位移,甚至探向核心;在量的方面,它夾帶人口優勢以及中央決策的集權優勢,形成最初是一個世界工廠,繼而逐步過渡邁向世界市場。這促使經濟位階逐漸落後於中國的東南亞對中國形成經濟依賴,而經濟位階在中國之上的日本,也在經濟上對中國產生一定程度的依賴。而在中國經濟的成長與擴張過程,中國雖仰賴自身的努力,但有部分則是受惠於周邊國家的重大挫折,例如 1997 年東南亞金融風暴、2001 年美國遭逢恐怖攻擊、以及 2008 年美國雷曼兄弟倒閉所引發的全球性金融危機。這幾波的外在危機都讓中國奮力爬升,頭角崢嶸。但禍福相依,中國快速地趁勢崛起,卻也讓自身陷入過度強調發展主義的陷阱,國進民退、貧富懸殊、地方財政惡化等負面因素不斷湧現,同時也引來周邊國家,尤其是作為世界霸權的美國在安全上的疑慮。2009 年以降不管對其內部或周邊皆同時既是機會,也是威脅。這本小書希望透過事件在時間序列上的鋪陳,將事件的時空脈絡將以梳理,由此看出其發展過程中的條件、動力、機遇與策略以及中國的發展如何連帶地影響了它自身與其它行為者的互動關係的變化。

　　第參章「中國與周邊大國的政經關係」要鋪陳在「一超多強」的格局下,中國個別與一超和多強之間的政經互動關關係。中國與美國關係自然是首要的。中國利用美國發動攻打阿富汗與伊拉克戰

爭，並與若干國家或地區關係惡化之際，以經濟誘因順利地擴大在亞太地區的經貿結盟，其藉由經貿和外交交互為用，逐步走向挑戰美國主導權的境地。而美國雖然對中國的崛起有戒心，卻也需要有來自中國的合作的需求，包括中國作為世界經濟的啟動或穩定的力量、非傳統安全的重要、以及作為美國的最大債主。中美存有矛盾，卻也有互賴的需求。在中美關係之外，伴隨中國的崛起，中國與歐盟、日本、東協、印度與俄羅斯的關係，也起了變化。在上述諸國之中，幾乎可以說，中國與他們的關係都發生過不同程度的摩擦，其中，俄羅斯算是關係最友好的，由於俄美之間時斷時續的緊張以及長期不睦卻偶有短暫的融洽景象使得中俄的合作找到一定的槓桿。但如以長遠的角度看，俄羅斯對中國存有深刻的戒心。中俄其實只存在有限度的夥伴關係。

第肆章「圍堵中國擴張的海上結盟」聚焦討論中國往海洋擴張過程，如何在東海、南海以及印度洋等安全熱點上，遭遇上述國家（除了歐盟）在島嶼主權的爭議上的結盟對付，包括：在東海的釣魚台議題上，中國和美日形成對立；在南海議題上，菲律賓結盟美日，而越南背後不僅有美國，也間接有印度與俄羅斯的力量在。中菲、中越關係相繼惡化後，在南海儼然形成了一道箝制中國往海洋擴張的防線。而中國在印度洋實力尚薄弱，卻來勢洶洶，仔細去研判，東海、南海與印度洋皆是中國往海洋外擴其大戰略的環節。而雖然經過了一番衝突後，中國已企圖將越南作為其切入點，開始啟動拆解美國在南海的反中聯盟戰線，但後效仍有待觀察。

第伍章「中國尋求突穿的脆弱環節與民進黨的邊緣化：2000-2008」是探討上述中國對外關係中非常重要的環節，但刻意以專章

來處理。不管台灣的藍綠陣營如何看待兩岸關係,是「國與國關係」
或是「非國與國關係」,在實存上,台灣是探討中國擴張過程中的
一個極關鍵的環節,這不僅是有客觀的意義,更有主觀的可欲:台
灣是美國在亞太地區牽制中國擴張的戰略聯線的樞紐;台灣被中國
界定為核心利益中的核心,其意義不僅政經意義,尚有歷史意義,
而目前中國對台灣的政經外擴過程既是最有斬獲的環節,但稍不
慎,卻也是最可能爆發戰爭之所在。對於生於斯長於斯的個人而
言,台灣的命運才是這本以中國為中心作為探索策略的書最關切的
焦點。而不管藍綠對兩岸關係各自的界定為何,眼前,台灣也跟上
述其他國家一樣:經濟需要中國,安全需要美國。本章論述,當作
為亞太最大市場的中國走門戶開放路線時,台灣被迫也必須對中國
採經濟開放路線,以適應此一規律。而以北京為中心的國共兩黨的
結盟,讓站在堅持台灣主體性的民進黨陷入兩難:緊,有違兩岸交
流的規律;鬆,則讓與中國掛勾已深的利益主張主導台灣的國家發
展。2000 年民進黨雖掌握台灣的政權,但終究在紅藍綠三角關係
上,被國共聯手給邊陲化,此一時期鋪墊了 2008 年 5 月馬英九上
台後大三通的開啟後,兩岸空前的大交流的基礎,造成台灣經濟被
高度納入中國體系而陷入依賴的情境。

　　第陸章「中國將台灣編入其政經體系的努力:2008-2012」在
陳述馬英九贏得政權後,國共與商業利益者如何在大交流的氛圍
下,透過先易後難、先經後政的默契,進行了史上空前的交往。台
灣一方面逐步地被誘入系統,而另一方面中國黨政的力量則不斷地
深入台灣的社會底層,直接與台灣人民接觸。胡錦濤涵蓋政、經、
社、文、軍、外的「胡六點」全方位對台政策,在馬英九政策的配

合與調適下，提倡「一國兩區」，兩岸大三通、外交休兵、簽署促進兩岸經濟整合的 ECFA，在在為北京吸納台灣創造了條件，使得台灣更進一步編入中國的政經體系。2012 年總統大選的結果顯示：北京的對台統戰策略，已對台灣達到了點穴效應。以此評價，在馬英九總統第一任期，北京要營造一個台灣對中國經濟依賴且無可逆轉的兩岸關係形勢，已取得初步勝利。就整個亞太戰略地圖而言，台灣雖然在安全上仍仰賴美國的協助而得以抗拒中國的政治要求，在東海和南海議題上的主張仍唯美國馬首是瞻，且台美關係依舊是台灣經濟與社會發展的主動脈，但台灣被編入中國政經體系的範圍與程度在 2008-2012 年這一段時間卻是快速得驚人，其對台灣的影響不僅是經濟與社會系統面的高度整編，甚至也在民心士氣以及獨立的國家發展路線上的嚴重撞擊。台灣對中國所呈顯的依賴性與脆弱性，以及台灣受限於國際獨立人格發展的各種禁制，更使得台灣成為以美國為主、約制中國崛起的亞太安全與民主同盟陣線上最模糊與最脆弱的環節。

第柒章「國民黨扈從中國的機會與風險：2012-2016」延續上一章的討論試圖指出，在北京擴大兩岸大交流戰略取得初步勝利後，2012-2016 年這一段時期，北京的主要戰略目標是要營造一個即便民進黨再度上台，也都無法逆轉的兩岸關係形勢，繼而，逐步削弱美日對台灣的影響力。有朝一日兩岸若簽署和平協議，且經過台灣民主程序的背書，那麼，台灣將不能再把中國當作敵對國看待，屆時，物質的與心理的防禦措施就將自動一一繳械，美日以台灣為安全結點的亞太戰略乃跟著逐步瓦解。對北京而言，取下台灣一舉多得，既能完成歷史任務，又可打破美國壟斷亞太的格局，美

國從東北亞到東南亞的戰略防線因而斷裂。而察考馬英九對於中華民國的主權立場雖然尚可謂不失堅持，但在論述上，卻處於不斷的退讓之中。未來中資一旦大舉進入台灣，而北京在台灣設立辦事處後，其策略的運用將可以更在地化，更綿密也更靈活。北京政策對台灣的實質影響將會更深入。依香港經驗來看，一旦北京對台系統運用得當，而其強力主導下與台灣民間交流所建構的機制更加完備，那麼，台灣的公權力將面臨被擠壓或跳過的命運。尤其當台灣基層的公眾人物越來越自信於自己與中國官方的人際關係網絡可以直接連線時，台灣官方或政黨欲加以規範或節制的作為空間將越來越有限。

　　第捌章「亞太與兩岸的政經格局與台灣的選擇」將把分析的焦點再拉回整個亞太與兩岸的大場景，從以中國為中心的角度來看，中國在過去這一段歷史過程中的發展對亞太與兩岸的秩序、乃至於台灣的政經發展，產生了何種影響。在戰略佈局上，中國短時間看來仍會致力於經濟發展，再逐步取得亞太盟主地位，然後才是與美爭霸。當前美國重返亞洲，不僅從事經貿，且更積極於軍事安全的佈署。美國在對中政策上，用字遣詞仍相當謹慎，避免刺激中國，以維持其自身作為秩序平衡者的角色於不墜，但擔心中國擴張過快而採取在經貿與安全的結盟以制衡或破除中國中心論的行動卻十分明顯。就亞太當前的權力平衡來看，維持現狀是超強（美國）與多強（歐、日、印、俄、東協）等希望的秩序。槍打出頭鳥。自2009 年 7 月美國宣稱重返亞洲以來，崛起的中國儼然成為公敵。就聯盟的觀點看，中國顯然限於孤立，形隻影單。不過，自 2013年年中起，習近平與李克強積極走訪東南亞，拉攏越南。中國領導

人顯然欲從越南找到出口，只是越南可不可靠，還在未定之天。但明顯地，在中國的研判裡，日本與菲律賓短時間內仍會與美國關係緊密，與中國的關係則依舊是對立的。美國對中國固保持警惕，但顯然以不刺激中國為念，一直努力扮演一個「平衡者」的角色，以左右逢源。然而，在亞太，中日釣魚台短期內看不出有妥協的餘地，美日積極於與菲律賓加強軍事關係。那麼，身置此防線上的台灣又如何能自外於此一漩渦？準此，台灣的動向所發揮的角色將越來越重要。不管對中國、對美國、或對亞太國家，台灣的實質角色乃越來越凸顯，自然，對於台灣這塊土地上的人民而言，這也是關乎其未來發展選擇的重要時刻，無法不嚴肅對待。

第玖章「結論」係綜合性地將各章節加以貫穿，做一個收尾，並對於我念茲在茲「台灣將何去何從？」的問題，提出一些我個人的省思與判斷。

台灣的選擇

亞太經貿新秩序的成形與瓶頸

　　中國自 1978 年施行改革開放政策以來，經濟快速發展，並帶動綜合國力的大幅提升。中國所採取的經濟改革開放政策確實讓中國脫離了 1980 年代前的貧困狀態，甚至，三十年的努力已讓其經濟體超越日本而直逼美國，並透過各種軟硬實力來提升其國際聲望與影響力，這不能不說是人類史上的一個特殊案例。而這個始於 1978 年的經濟改革開放過程，期間歷經了幾個重要的轉折階段，而轉型出中國各階段的經濟發展面貌：首先，1992 年鄧小平的南巡後所開啟的第二次改革開放實為重要的里程碑，之後歷經 1997 年亞洲金融風暴、2001 年美國遭受恐怖攻擊、2008 年全球金融風暴、「中日韓自由貿易區」和「區域全面經貿夥伴關係」與「跨太平洋夥伴協議」的競爭。這四個事件或主題，乃關鍵著中國三個不同波段的躍升。而就在中國逐漸成為亞太經貿新秩序中心的同時，來自外部美國圍合戰略的快速佈局以及中國政經發展出現的困局，使得此一秩序的發展，充滿了更多的不確定與瓶頸。

一、1997 亞洲金融風暴

1980-90 年代的亞太經濟基本上是美日歐（核心）、四小龍（半邊陲），與東南亞和中國大陸（邊陲）的分工關係。這一分工形勢維持了一段很長的時期。不過，中國的資源與能量的逐步釋放卻悄然地改變了這個結構。鄧小平 1992 年春南巡重新對外打開大門。此前，外商前往中國不管在金額、技術或規模上都無法與東南亞相提並論，然而此後，情況卻逐漸往相反的方向翻轉。1994 年外匯兌換券與人民幣並軌，人民幣大幅貶值，中國的出口大振。自此更多包括在東南亞的外商紛紛往中國移動。從此，東南亞國家的競爭力逐步落於中國之後。1997 年 7 月 2 日在泰國引爆了亞洲金融風暴，東協五國經濟的主力國泰國、馬來西亞、菲律賓、新加坡、印尼，皆遭遇嚴酷挑戰，並相互感染。風暴來得突然與劇烈，也給東南亞的政治、經濟，乃至於社會帶來了巨大的衝擊。相對地，中國因為外匯管制嚴格，資金難以自由進出，而得以豁免於投機客大規模與快速度的炒作。在東協五國的經濟重挫以及體系潰敗後，中國得以成為替代的市場與加工地，相對地抬高了中國的經濟位階與角色。中國沿海很多充滿活力的城市都被推到半邊陲的經濟位階。自此，四小龍也面對中國崛起的競爭壓力，歷經嚴酷的考驗。

1999 年金融風暴底定後，中國崛起已成為事實。它不僅對於鄰國是重要的，對於美國亦然。其重要性不只在經濟面向，在安全領域也益見其分量。此時，以美國為主的國際社會所思考的，已不只是如何圍堵中國的擴張，更是與它交往並將它帶入一個可以預期

的國際秩序之中。中國加入世界貿易組織變成是個很重要的議題。2000 年 10 月，美國給予中國永久貿易夥伴地位，已為中國後來加入述世界貿易組織奠下重要基礎。這是否為一種對於 1999 年 5 月誤炸中國南斯拉夫使館的一種補償，不得而知。但經過這段摩擦，不管如何，美中關係已由戰略夥伴轉為競爭對象。

2001 年 1 月美國總統布希上台的國情咨文所提議建構的全國飛彈防禦系統（NMD）與區域飛彈防禦系統（TMD），無非是以中國為假想敵，具有針對性，極為明顯。進而，4 月 1 日中國軍機和美國 EP3 在海南島上空擦撞又導致了兩國外交上嚴重的僵局。2001 年 7 月 13 日中國申辦奧運成功，舉國歡欣鼓舞。美國在中國申辦奧運上不採取杯葛的態度，多少看出雙方外交斡旋已讓美中關係漸漸走出當年美國偵察機 EP-3 與中國尾隨的軍機在海南島上空擦撞的陰霾。

二、2001 年美國遭受恐怖攻擊

2001 年 9 月 11 日美國本土遭受空前大規模的恐怖攻擊。不管是心理上或實質上，這是二次世界大以來遭受外敵最大的創傷。美國朝野一致對外，同仇敵愾。然不到一個月，美國已長驅直入阿富汗，並辦妥與周邊國家的外交斡旋。對於中國而言，美國此舉等於進駐其後院，中國的安全受到威脅。但有鑒於美國的軍事投射力如此強勢，而其與周邊國家的外交斡旋又是如此周延，很快地，江澤民掌握機會表態支持美國，使中國能繼續走鄧小平「韜光養晦，不搞對抗」的戰略道路，全力於經濟發展，也就是所謂的「低頭搞建

設」。而美國在進行反恐的軍事行動之際，特別需要中國多方的配合，包括在經貿合作、穩定北韓、以及聯合國決議上。於是中國也正好利用這種機會，順勢而為，於 2001 年 11 月 10 日申請加入世界貿易組織。某種意義而言，美國遭逢 911 恐怖攻擊，一時之間，恐怖組織取代了中國而成為美國最立即的假想敵，而美國需要中國在反恐行動上取得一致，自然也樂見中國加入世貿組織。

然中國當時對於入世後的經濟未來並沒有充分把握，因此，入世一事更加深了中國積極與東南亞建構一個自由市場的需求與決心。至於東南亞國家，自亞洲金融風暴後，對中國的經濟依賴日深，也對中國在風暴期間的援助，銘感於心，因此也表達共構自由貿易區的意願。根據 GATT 1994 第 XXIV 條之規定，世貿組織的締約會員間可發展更密切結合的經貿關係，自發性簽署自由貿易協定（Free Trade Agreement, FTA）。於是，在申請加入世貿組織的前四天，也就是 11 月 6 日，在汶萊舉行的第五次中國－東協領導人會議上，中國和東盟達成共識，一致同意建立中國－東協自由貿易區。2002 年中國已是世界貿易組織的成員，同年 11 月 4 日在第六次中國－東協領導人會議上，中國國務院總理朱鎔基和東協 10 個成員國的領導人共同簽署了《中國－東協全面經濟合作框架協議》，決定在 2010 年成立「中國－東協自由貿易區」。此舉意味著，中國將挾著擁有高達 20 億人口的大市場，在世界貿易組織內舉足輕重。而在美國方面，進入阿富汗並未緝拿到賓拉登，美國又開始做尋找下一個目標的準備。從此，美中走不同的發展路線：美國全力捲入反恐戰爭，花費無度並四處樹敵；中國則全力拓展經濟，低頭搞建設，蓄存發展的能量。

　　2003 年 3 月美國進攻伊拉克，中國持續默默發展經濟。6 月 29 日中國與香港簽署《內地與香港關於建立更緊密經貿關係的安排，CEPA》；10 月 17 日，再與澳門簽署《內地與澳門關於建立更緊密經貿關係的安排，CEPA》。同時，有鑒於美國掌控伊拉克油源，2003 年 11 月 29 日北京召開中央經濟工作會議決定，從新的戰略高度，制定新的石油能源發展戰略，採取積極措施確保國家能源安全。此後，中國運用鉅額外匯存底來確保中國的能源與原物料供應來源，包括大幅增加國內能源儲備、協助中國企業取得長期供應合約、購買海外礦產權益，或直接收購海外能源與礦業公司等等。2004 年 6 月初中國又積極促成「泛珠三角區域合作框架協議」的簽署，包括 9 個省區（廣東、福建、江西、廣西、海南、湖南、四川、雲南、貴州九省、區）和港澳兩個特區。很明顯地，以港澳為樞紐，中國南方的自由經貿圈逐步成形。

　　回顧這一段歷史，加入世界貿易組織對中國所起的作用，是十分巨大的。2001 年 12 月 11 日中國入會，但一直到 2006 年才成為全會員。入會後，中國為回應世貿組織規定的要求，平均關稅由 15.3%降到 9.8%。每年進口約 7500 億美元的貨品，一共開放了 100 個不同類的服務行業，也修改了約 2,300 條國內法。2001 年中國的外匯存底為 2,122 億美元，到了 2006 年二月底止，中國外匯準備增加至 8537 億美元，首度超過日本的 8,501 億美元，躍居世界第一。同時，隨著微利時代的來臨，中國成為國際製造業最適合轉移的目標地。中國領導人善於從一個長程的戰略角度看問題，其發展產業，志不只在滿足民眾消費，更在搶占全球市場，而一旦外來投資者眾，並形成群聚效應後，內需市場便成為重心，而愈來愈多的

產品可供應給內需市場。不只是麥當勞玩具、耐吉球鞋等「低科技」產品的世界工廠，中國也飢渴地吸納全球高科技產業進駐，宛如高科技產業資金、人才、資源的大黑洞。

這些發展顯示，中國的經濟戰略成功，也抓到了發展的機會。透過類似自由貿易區的措施，中國企圖強化其國內、港澳，乃至於東協區域之間的貿易自由化與經濟合作。中國在世貿框架下所經營的雙邊自由貿易區可說已逐漸成形。在履行 WTO 這種經濟多邊主義的承諾的同時，中國對於其與亞洲國家的區域經濟雙邊整合益感興趣。區域經濟的整合使得中國得以適度地藉以舒緩了經濟全球化與企業循環週期不確定所產生的風險，並提升了自身與周邊國家的安全關係以及國際社會的聲望。在策略的操作下，中國參與世貿組織的多邊主義與自由貿易區的雙邊主義並未產生扞格，反而相互成就了彼此。顯然，中國成功地利用了美國陷入阿富汗與伊拉克的戰爭泥淖之際，以經濟和外交的交互為用，成功地擴大了其影響力的版圖，尤其大幅增加了其在亞太地區的影響力。反觀，美國卻陷入阿富汗與伊拉克的泥淖。據 2013 年的估算，美國投入的僅直接花費就達約 6 兆美金。[1]除此之外，在美國全力於反恐軍事行動，四處結怨，相反地，那段時間，中國卻與周邊國家及世界各地發展友好外交與積極的經貿合作。

---

[1] N.A, "Financial cost of the Iraq War", 2 November 2013, *Wikipedia*, http://en.wikipedia.org/wiki/Financial_cost_of_the_Iraq_War (2013/11/3)

三、2008 年全球金融風暴

2008 年 9 月以雷曼兄弟（Lehman Brothers Holdings Inc.）倒閉所連鎖引發的全球性金融危機，對全世界和中國都是一場嚴峻的考驗。2008 年在中國總理溫家寶口中，是中國經濟最艱難的一年。那年，中國發生了西藏暴動、罕見雪災、四川地震、毒奶粉殘害嬰幼兒事件。而雖然北京奧運成功舉辦，中國以 51 面金牌列金牌榜首、神七發射、中國人第一次太空漫步、黑瞎子島主權從俄羅斯回歸了中國，士氣如虹，一掃陰霾，但隨即 9 月以雷曼兄弟倒閉所連鎖引發的全球性金融危機，卻是一場經濟的惡戰。為了力抗金融海嘯，中國中央接連推出多項擴大內需、振興經濟措施，將貨幣政策從「從緊」轉為「適度寬鬆」，其中 4 兆人民幣救市計劃，震撼世界，而意外地，中國的國際影響力反而藉金融海嘯而進一步提升。在這裡，當時還在籌備中的 2010 年上海世界博覽會，無疑地也起了一個讓經濟運行不致嚴重下墜的動力。

實際上，2008 年中以來，各種跡象已表明，中國經濟正以超出預計的速度放緩。關於「中國盛宴會否散席」的爭議焦點主要集中在對中國國內需求的判斷上，也就是拉動中國經濟的三架馬車（出口、投資和消費）。在全球金融危機以及衰退發生後，中國經濟出口日益疲軟，必須設法往內需找出路。上海世博多少承擔了這種重責大任。2008 年上海的經濟經歷了前所未有的挑戰。當時上海浦東經濟受金融海嘯影響，不光是勞動密集型企業，甚至連部分新興高科技企業都不同程度遭遇了困難。據上海浦東新區的資訊，

上半年該區產業投資呈現負增長，其中工業和房地產投資分別下降 32.5% 和 8.2%。此外，在金融財務方面，浦東當時擁有的 220 多家外資金融、保險、證券機構，其運營資本佔中國外資金融機構運營總資本的 3/5，皆在這場全球金融風暴中受到了不同程度的衝擊。這些公司的母公司的損失對其在中國的分公司或法人機構的正常運營都造成了巨大影響。為了拯救經濟，中國除了出台中央的內需政策，同時，為了配合 2010 年的世博會，上海也陸續制定了加快基礎設施建設、促進社會事業均衡發展、穩定房地產市場等 8 項具體措施：加大鐵路、高速公路等基礎設施建設；加大對城市道路、市容環境整治的投入；社會事業的投入要向郊區傾斜；通過政策措施，鼓勵市區的優質醫療和教育資源到市郊去辦院辦校；為市郊群眾和動遷居民營造良好的生活環境；選定若干代表未來產業發展方向的課題和項目加大投入力度；推進科技成果的產業化，確保上海經濟的長遠發展。

由於美國的全球性金融危機所引發外在需求降低的困境，中國經濟大環境跟著惡化，很大部分的台商也一度出現投資意願與力道不足的現象。而高達 4 兆人民幣的刺激經濟方案，姑不論效率，其效果確實是顯著的。2009 年，全球進口降低了 12.8%，中國卻還增加了 2.9%，是全球大經濟體唯一維持進口成長的國家。2010 年進口量達 1.4 兆美元，佔世界進口量的 1/10。2010 年，中國一躍成為世界第二大進口國與第一大出口國與；中國從國外進口的商品數量激增 5.2 倍。中國對外的貿易順差由 2001 年的 5,098 億美元劇增到 2010 年的 2.97 兆美元，幾乎是 2001 年的六倍，超過日本成為世界第二大經濟體。

2011 年中國累積利用的外國資本超出 1 兆美金，是世界上第一大外國資本直接投資的國家。大約有 35 萬家外國公司在中國設立公司，產生了約 2 千 617 億美元的利潤。2000-2009 年，在貿易的推動下，中國國內生產毛額（GDP）以超過 10%的年成長率在增加，2010 年達到近 6.04 兆美金。2008 年底全球性金融風暴後，2009 年和 2010 年中國對世界經濟成長的貢獻率超出 50%。中國國家統計局 2010 年 1 月 21 日發佈，中國 2009 年經濟成長率為 8.7%；外匯存底到 2009 年 12 月底，達到 2 兆 3992 億美元，占全球外匯存底的 30.7%，規模甚至比 G7 國家或歐盟國家總和還要高，連續 4 年蟬聯世界外匯存底第一大國。[2]中國國家統計局 2011 年 1 月發佈，2010 年中國經濟比 2009 年增長 10.3%。[3]中國中央人民銀行於 2011 年 1 月 11 日發佈《2010 年金融統計資料報告》指出，到 2010 年底，國家外匯儲備餘額再增加到 2 兆 8473 億美元，同比增長 18.7%。[4]中國經濟的快速成長以及外資的大量湧入，可見一斑。

中國在強力的經濟政策引導下，部分衰退現象獲得逐步克服，很快跳脫出經濟衰退的困境，甚且在 2010 年成為全球第二大經濟體。由此可見，過去十年中國成功地操作了其大國經濟戰略，藉由對外開放以及政府重商主義，造就而成為世界第一出口國，成功地

---

[2] 綜合報導，〈中國外匯存底占全球 30.7%〉，《世界日報新聞網》，2010 年 2 月 22 日，<http://www.udnbkk.com/article/2010/0222/article_64965.html>（2013/11/3）

[3] 無作者〈國家統計局公佈 2010 年中國經濟資料 GDP 增 10.3%〉，《天津網》，2011 年 1 月 20 日，<http://www.tianjinwe.com/tianjin/tbbd/201101/t20110120_3219697.html>（2013/11/3）.

[4] 無作者〈2010 年中國外匯儲備 2.8 萬億美元 同比增 18.7%〉，《人民網》，2011 年 1 月 11 日，<http://news.0898.net/2011/01/11/621131.html>（2013/11/3）

累積財富,如今又轉而強力發展國內市場,成為世界第二大進口國。加入世貿組織後所得到的加乘效應為中國蓄存了豐沛的經濟能量,而藉之,中國又巧妙地由外銷主導逐漸轉向內需導向的投入,這又將使中國的經濟位階與格局更上層樓。

　　站在 90 年代初期來看中國,一般難以預見中國今日之經濟榮景。相對看來,中國的經濟又遠比金磚四國中的其他三國強盛,因素固不一而足,但中國堅持以經濟發展為中心的改革開放與和平發展路線應是最為關鍵的因素。相對於美國捲入戰爭,中國高舉經濟發展大旗,使得其綜合國力得以豐盈地蓄存,柔性國力更見擴張。中國財政部公布,中國 2010 年全國財政收入增長 21.3%,財政支出增長 17.4%。而依據道瓊通訊社(Dow Jones Newswires)的計算,中國 2010 年全年財政赤字為人民幣 6,495 億元(約合 986 億美元),相當於 GDP(國內生產總值)的 1.6%左右。[5]據中國財政部測算,2010 年美國、日本、英國等國的赤字佔其 GDP 比重卻都在 10%左右。[6]如果這個數據可靠,顯見,未來中國政府會比起其他大國的政府的手頭來得寬裕,更有施展政策的空間。至於人民方面,其日常生活的富足程度亦因可支用收入的寬鬆而有穩定的進展。在一般人民生活中,尤其是佔經濟生活中最大塊的住房,顯然大有改善。中國政府保障性、補貼性的住房、以及對廣大農村無償劃撥的宅基

5　無作者〈中國財政部:2010 年財政赤字規模或占 GDP 的 1.63%〉,《匯通網》,2011年 1 月 21 日,<http://www.fx678.com/C/20110121/201101210939131388.html>(2013/11/3).

6　張旭東、韓潔、安蓓,〈政府工作報告:財政赤字首破萬億元傳遞三大信號〉,《新華網》,2010 年 3 月 5 日,<http://big5.gov.cn/gate/big5/www.gov.cn/2010lh/content_1548602.htm>.(2013/11/3).

地，使得中國家庭在「有其所」的問題上有長足改善。[7]而在富足之餘，中國人民所展現的自信心以及強盛的學習慾望，也步步攀升。當然，中國政府透過行政與財政的強力介入，也造成資源分配的扭曲，貧富差距不僅存在個人間，也存在行業間與部門間，而形成經濟成長與社會安定的隱憂。

然不管如何，在政策的推進下，中國的上海與北京甚至有躍昇至世界體系的核心之志，一個以中國為中心的政經強權，隨著美國國力的衰退以及歐盟會員國金融風暴的危機四伏，已逐漸卓然成形。韓日競相與中國發展自由貿易關係，而台灣與中國直航與簽署ECFA（兩岸經濟合作架構協議），又促使這個趨勢的快速到來。中國改革開放的初衷是在解決內部溫飽的問題，但歷史的曲折發展，使中國已不自主地榮登亞太政經的霸主地位。這個情況在進入二十一世紀後更加突出。而最明顯的劇照不外是，2009 年 12 月 10 日日本執政黨的民主黨幹事長小澤一郎率領了包括 140 多名國會議員在內的 600 多人之龐大訪問團，前往中國訪問。[8]對照於 80 年代「日本第一」的光景，中國綜合國力冉冉的上升，更見亞太政經權力核心起落的痕跡。近年日韓台與東協國家爭相與中國發展經貿關係自由化，可以看出中國作為一個區域霸權的角色越來越明顯，而

---

7 李晶,〈任志強：中國不需人人都買得起房 有其所者不應再買〉,《中國經濟網》,2009 年 08 月 12 日,<http://house.people.com.cn/GB/9838266.html〉.（2013/11/3）.

8 中央社,「〈小澤訪中和胡錦濤會談有助提高黨內影響力〉,2009 年 12 月 10 日,<http://news.cts.com.tw/cna/international/200912/200912100361641.html>（2013/11/3）

相對地，周邊國家對中國的期待與要求也更進一步加深。中國依自己的方式與步驟發展成一政經大國，已不再是夢想。

　　無疑地，加入世界貿易組織帶動了中國在擴大貿易、堅持經濟改革、吸引較高層次的外資流入、塑造法治環境等等方面的進展。中國加入世貿組織所展現的意義在於：在內部，加諸於中國政府與人民更多的責任與挑戰；在外部，在中國的對外關係上，尤其是與美國與亞洲的關係上，產生了根本性的變化。過去十年，不僅是中國發展最快速的十年，也是與國際接軌最快的年代。而源於2007-2009 年全球性的經濟危機，中國轉而強調內需驅動與區域整合。中國與周邊國家在實質議題尤其經貿上的結盟需求乃越來越密切。2010 年，中國與亞洲國家的外貿高達 1.5 兆美金，是十年前的4.5 倍，年成長平均 21%。而中國十大貿易夥伴中有六個來自亞洲，分別是日本、韓國、北朝鮮、蒙古、越南、馬來西亞。中國成為日本、澳洲、巴西、南非等國的最大出口市場。而台灣與中國簽署ECFA 後，使得韓國和日本跟中國簽署 FTA 的壓力增大。由於中國與東協已簽署自由貿易協定，區內全面零關稅，因此，中國已成為東協的最大輸出對象國。中國在 2011-2015 年第十二個五年計畫清楚載明，「雙邊互利的開放策略與對其它世界的更加開放」。在此一計畫內，中國將以擴大對內進口與對外投資做為平衡長期以來對外出口與外來投資過多的傾斜現象。這使得中國在世界貿易組織內的角色也跟著改變與提升。

　　不管如何，中國經濟的確崛起了。委實，中國經濟的崛起伴隨而來的是美國經濟的衰退。美國經濟的衰退部分原因來自於阿富汗與伊拉克戰爭的巨額耗費，但中國因素也難辭其咎。至少美方認

知，中國經濟崛起加速美國製造業的衰退，過去十年幾乎是以 25% 的比率在萎縮中。來自中國的進口貨使得美中的貿易赤字增加到 2,730 億美元。中國嚴重侵犯智慧財產權、規則不透明、未遵守 WTO 規範的開放日期、拖延人民幣升值、低利政策貸款補助其國內企業等現象，造成美國企業在競爭過程中遭到不公平的對待。中美的經濟失衡竟同時引來美國左翼和右翼共同發出不滿之聲，美中關係陷入更困難的處境。美方指控，中國並未走向市場資本主義（market capitalism）而是國家重商主義（state mercantilism）。而根本上，以中國為中心（China-centric）的亞太經貿秩序已不自主地將中國往亞太政經的霸主地位的方向推進，也間接挑戰到以美國為中心（US-centric）的權力格局。而歐巴馬的重返亞洲的再平衡政策，就亞太的安全戰略與區域經貿戰略來看，應是與中國的崛起有密切的內在關連。

四、中日韓 FTA＋RCEP vs. TPP

隨著中國經濟的崛起，中日韓三邊貿易額快速增加，從 1999 年的 1,300 多億美元增至 2011 年的 6,900 多億美元，增長超過 4 倍。中國是日、韓兩國最大的貿易夥伴。在亞太地區的擴張過程，中國企圖一方面成立「中日韓自由貿易區」，另方面以「中國－東協自由貿易區協定」來拉攏東南亞，並全力支持由東協主導的「區域全面經貿夥伴關係」（Regional Comprehensive Economic Partnership, RCEP）。「中日韓自由貿易區」成立的目的是為逐步消除三國之間的關稅壁壘，加強貿易、投資、金融與貨幣交流。此構想始於 2002

年，三國承諾七年之內完成機制的構建和規劃。2010 年 11 月 25 日三國之間的十個會員城市簽訂了《「環黃海行動」備忘錄》，中日韓自由貿易區由此十個城市開始展開先行先試。2011 年 4 月 25 日在杭州舉行的中日韓名人會第六次會議中，原國務院副總理曾培炎呼籲加快建立「中日韓自由貿易區」。他指出，中日韓三國經濟總量占全球經濟的近 20%，人口達 15 億。一旦達成自貿區協議，中日韓將成為僅次於北美自由貿易區和歐盟的世界第三大自由貿易區。

中日韓都是大量需要礦藏資源的消費大國。近年來國際石油、鐵礦石等重要礦產資源價格波動攀升，不符合日中韓的共同利益。曾培炎他建議中日韓三國建立一個協調機制，增加需求方話語權。加強資源消費者與生產者的協商對話，完善定價機制。同時，他也建議三國建立本區域自然災害應對機制，包括開展災害預警合作，及時通報災害資訊，加強專業抗災隊伍的經驗交流。而遇到重大災害事故時，得以相互進行技術、裝備和物資上的援助。2011 年 5 月 22 日，日本首相菅直人、中國國務院總理溫家寶和韓國總統李明博在東京召開為期兩天的峰會後表示，三國都希望加強合作，增強亞洲地區的活力和動力，引領亞洲的強勁增長。李明博表示達成自由貿易協定的進程會加快，而溫家寶也說他支持 2012 年開始正式談判。2011 年年底三國共同完成「中日韓自由貿易區」的構建和規劃設想。2012 年 11 月中日韓自貿區談判正式宣佈啟動，並於 2013 年 3 月在韓國首爾進行首輪談判。

2013 年 3 月 26 至 28 日，中日韓自由貿易區首輪談判在韓國首爾舉行。2013 年 7 月 30 日至 8 月 2 日，中日韓在上海進行了第二輪 FTA 談判，第三輪預計該年年底在東京舉行。據預測，該自

由貿易區建成後，將形成一個擁有 15 億人口和 15 兆美元 GDP 的共同市場，成為世界第三大經濟板塊。中國 GDP 獲益增長 1.1% 至 2.9%，日本 GDP 獲益增長 0.1% 至 0.5%，韓國 GDP 獲益增長 2.5% 至 3.1%。日、韓對貿易赤字增減的關注在很大程度上影響著自由貿易區的進程。從日本首相安倍的作為來看，他似有意將跨太平洋夥伴協議（Trans-Pacific Partnership, TPP）置於比中日韓 FTA 更優先的位置。加入 TPP 談判可能會使日本對中日韓自由貿易區談判的興趣大大降低。當然，日本應會採兩手策略，既加入 TPP 來鞏固日美同盟關係，獲得安全保障，也加入中日韓 FTA，以獲經濟利益。不過，目前三國之間的外交氛圍仍不適合談判。中、韓之間的自由貿易區進程可能會先於三國之間的自由貿易區進程。[9]

　　另方面，以東協為平台的「東協加六」看起來進展較順利。這個由東協十國發起，邀請中國、日本、韓國、澳大利亞、紐西蘭、印度所共同參加的 RCEP，其目標是消除內部貿易壁壘、創造和完善自由的投資環境、擴大服務貿易，還將涉及智慧財產權保護、競爭政策等多個領域。RCEP 的自由化程度將高於目前東協＋6 已達成的 5 個自由貿易協定。澳大利亞和紐西蘭合而為一。RCEP 擁有占世界總人口約一半的人口，生產總值占全球年生產總值的三分之一。RCEP 於 2013 年 5 月完成第一回合談判，於 2013 年 9 月 23-27 日開啟第二回合談判，預期能在 2015 年底完成談判，之後進入實施階段。而東盟經濟共同體預定將於 2015 年建成，這為 RCEP 的

---

[9]　行政院大陸委員會香港事務局商務組，〈中國大陸、日本、韓國自由貿易區第二輪談判今開啟，三方仍在摸底〉《經濟部貿易談判代表辦公室網站》2013 年 7 月 30 日，<http://tw.myblog.yahoo.com/timlin366/article?mid=144&prev=151&next=142>（2013/11/3）

組建提供了有利的條件。此協議的簽署可望加快全球經濟向成長快速的亞太地區轉移，並可能成為美國推動的 TPP 的勁敵。然而就在此時，美國敏捷與靈活的反應，乃構成「中國中心論」形成的阻力，而中國自身的政經難題也構成未來發展的極大瓶頸。

五、中國經濟發展所遭遇的政經難題與瓶頸

解析中國的經濟歷程，我們不難發現，儘管自 2012 年起中國的經濟成長已趨緩，但對照於美日經濟的低迷與歐洲經濟的潰敗或衰退，中國仍可望維持世界經濟成長之引擎的角色。而不管中國經濟所展現的是模式或個案，或姑不論其功過，中國自 1978 年改革開放以來所歷經的經濟發展過程，確實在人類的經濟史上寫下了很特殊而耀眼的篇章。然而，一事可做兩面觀，上述所陳的正面發展中，也透顯出許多負面的評價，茲分述如下：

1.「經濟傾中，安全傾美」的國際政經效應

不管如何，中國經濟的崛起伴隨著美國經濟的衰退現象。以中國為中心的亞太經貿秩序已顯然挑戰到以美國為中心的世界霸權地位，讓美國的戰略家忐忑不安，而思制衡之道。2009 年 7 月國務卿希拉蕊柯林頓鄭重宣佈美國重返亞洲。繼之，始於 2010 年上半的釣魚台事件以及南海紛爭過程，顯示日本、菲律賓與越南等國家背後有美國撐腰。歐巴馬總統於 2011 年 11 月 13 日宣布，美國將以 TPP 強調確保高環保和勞動標準，並設法解決關稅以外的新

障礙，作為領導快速成長的亞太地區的新倡議，被視為是回應中國崛起的一種對策。TPP 最早是 2005 年 5 月 28 日由汶萊、智利、紐西蘭、新加坡四國協議發起的。2011 年 11 月 12 日歐巴馬總統在 APEC（亞太經濟合作會議）的場合公佈由 9 個國家（澳大利亞、汶萊、智利、馬來西亞、紐西蘭、秘魯、新加坡、美國和越南）所組成的跨太平洋夥伴關係的一項自由貿易協定計劃。歐巴馬將加強出口視為其經濟政策之優先。加入 TPP 有助於美國拓展其出口、儲蓄以及在美國境內創造就業，解決其內政問題。但於此同時，此舉也與重返亞洲的再平衡政策一脈相承。美國顯然要以 TPP 來凌駕以東協主導而中國強力支持的 RCEP 的區域影響力。日本對這項計劃十分積極，已於 2013 年正式加入 TPP。歐巴馬還說要和南韓談判達成《美韓自由貿易協定》，為優先發展與關鍵夥伴的貿易樹立典範。

　　而這以美國主導的 TPP 和以東協主導而中國強力支持的 RCEP，在開放範圍、談判進程、一體化程度方面有所差異。美國表態 TPP 與 RCEP 並不矛盾。美國也沒有明確表態反對和支持 RCEP。不過，2012 年 8 月 30 日在首屆「東協－美國經貿部長會議」，美國貿易代表柯克（RonKirk）說，「亞太區有足夠空間讓 TPP 和 RCEP 這兩個協定並存，它們是互補的，『不一定』是競爭的。」這句話聽來應該是外交辭令。尤其值得注意的是，美國主導的「跨太平洋夥伴關係」的成員，竟納入與中國有歷史宿怨與領海爭執的越南，堪以玩味。2013 年 5 月 16 日美國商務部副部長桑切斯（Francisco Sánchez）在接受日本經濟新聞採訪時表示：「歡迎中國加入 TPP」，強調沒有排斥中國的意圖。雖然有如此善意辭令，但不容中國去挑戰美國在亞太經濟的領導權，應是無庸爭辯的底線。

亞太諸國在經濟上，因為與中國有千絲萬縷的實質關係，經濟被迫仍需向中國傾斜，只是有趣的是，在安全上周邊國家卻明顯地向美國靠攏。自 2010 年以來，中國在東海與南海分別與日本、菲律賓與越南起嚴重的衝突，而美國則為這些國家依靠的對象。不只如此，反中氣氛也將印度與俄羅斯力量帶進來這場權力的競逐。曾幾何時，中國還高唱和平發展，四處左右逢源，但今日的中國其周邊關係卻一落千丈，實令人甚為驚奇。不過，跡象顯示，習近平與李克強已於 2013 年春起，積極出訪尋求外交修補。

2. 市場「國進民退」的效應

質疑派認為中國經濟發展是一種以犧牲國民利益為代價的國家資本主義模式，也是一種權貴資本主義的模式。中國 2010 年的財政收入比上年增長 11.7%。而何以在大幅度巨額經濟刺激計劃的情況下，財政收入不減反增呢？有評論指出，這意味著，儘管做大了蛋糕，但政府拿走了更多，民間獲得的份額相對減少。而在各級政府與民爭利、政府財政投資邊際收益遞減、民間資本遭到擠壓的情況下，無處可去的民間資本只有大量進入股市和樓市，並推高了資產的泡沫化危機。[10]政治強調集中，經濟強調開放，其結果是權力更往上層集中，而產生一種強幹弱枝的嚴重失衡現象。改革開放的結果實際上並未造成私有資本市場的健康發展，反而因為國家資本過度壟斷而使得私有經濟市場趨於萎縮不前。不僅如此，官本位

---

[10] 錢鋼，2010 年，〈再談中國模式：爭議與價值分化〉《傳媒透視》〈http://rthk.hk/mediadigest/20100315_76_122577.html〉（2013/2/16）。

的中國模式導致政府投資饑渴，從而使地方政府債台高築，潛在的債務危機重重，並對於中國的財政產生巨大的壓力，而這最終將成為一般誠實納稅人的沉重負擔。

3. 貪污腐化與分配不合理

中國的領導階層黨政軍一把抓，國家資本成為經濟之重心。國家資本雖壯大卻因為黨政軍權力膨脹，缺乏民意監督，決策與執行過程不透明，而產生人謀不臧，權錢交易的現象，同時，人治與私利橫流，既延緩也破壞了普遍性經濟體制的建立，因而導致中國的的經濟力雖快速茁壯與累積，卻缺乏一個健全而平衡的經濟體制來支撐；裙帶或貪腐勾結情事深藏其間。在長期官本位的經濟體制下，中國經濟呈現的光景是：強政府，弱社會；強少數，弱大眾。換言之，中國的分配呈現個體貧，集體富，而少數掌控或寄生在集體上之個體從中撈取利益與財富，形成所謂的特權階級。美國彭博新聞社披露中共八大元老鄧小平、陳雲、李先念、王震、彭真、薄一波、楊尚昆、宋任窮的後代，憑藉權勢斂財的事實，令人怵目驚心。報導指出，中共八大元老的後人，透過特權，獲取暴利，壟斷經營，更在所謂的「國企轉制」的改革過程中，將國有轉為私有，一夕致富。《紐約時報》則揭露前中國人民銀行行長戴相龍家族，借助權力之手，低價收購股票，利用「中國平安保險公司」一手導演前衰後興而獲取暴利的劇情。此外，據彭博社統計，僅王震之子王軍、鄧小平女婿賀平、陳雲之子陳元三人所控公司的總市值，就高達 1.6 萬億美元（即 10 萬億人民幣），相當於中國全年經濟總產

值的五分之一。而八老之後，總計 103 人，半數居住國外。而炫富，成為這幫紅二代、紅三代的公開標識。[11]這一類的數據是否科學與客觀，吾人不得而知。但可以確知的是，至今中國政府並未做出辯白與澄清，倒是習李防腐倡廉的動作頻頻，讓人對中國貪腐問題的嚴重，深信不疑。

4. 生存環境的嚴酷挑戰

這些年來中國出口部門的成長，相當依賴勞力密集加工出口品的生產，以致於造成了勞動人口的過度流動以及過度耗用土地、能源、材料以及環境汙染等問題。[12]在經濟發展掛帥的場景下，資源短缺、環境惡化，以及城鄉、區域發展不平衡的現象，乃日益嚴重。[13]一些潛在的負面因素正在侵蝕其經濟持續成長的基礎，造成未來很大的挑戰與困難。無獨有偶，中國的人力資源也逐步走下坡。依聯合國的標準，中國實際上已跨過高齡社會門檻。[14]2011 年底，中國 60 歲老齡人口已達 1.85 億，占當時人口總數 13.7%以上。

---

[11] 陳破空，2013，〈八老後人大舉斂財，中國是他們的？〉《自由亞洲電台》1 月 1 日 http://www.rfa.org/mandarin/pinglun/cpk-01022013100435.html （2013/2/16）。

[12] 工商時報社論，〈小龍年看大陸經濟的「量變」與「質變」〉2013 年 2 月 17 日 http://news.chinatimes.com/forum/11051403/122013021700076.html （2013/2/17）。

[13] 李華芳，〈中國模式的爭議〉2012 年 12 月 12 日 http://blog.sina.com.cn/s/blog_49275b420102ecb5.html（2013/2/16）。

[14] 依聯合國世界衛生組織的定義，65 歲以上老年人口占總人口的比例達百分之七時，稱為「老齡化社會」（Ageing society）。

60 歲以上老齡人口將於 2040 年前後達到 4 億左右。[15]人口老化使中國未來在財政、社會福利、退休年金、醫療與老人關照上，面臨源源不絕的困境。在城鄉發展失衡的狀況下，鄉村貧窮問題有日益惡化之勢，很多農民已失其生計之所賴。與此同時，都市的成長需要更多土地的使用，導致了更多人失去土地。中國需仰賴農村地區釋放大量的過剩勞動力，但這部份的勞動力雖然數量大，品質卻低且流動率高，讓勞力的供應充滿很高的不確定性。農業與工業、鄉村與都市之間的矛盾、制度轉型所暴露的隱性失業與低度重新就業的困難，在在成為中國的艱鉅挑戰。

　　中國人口多、資源稀有、資本缺乏、環境脆弱。但在經濟政策上，中國由於過度偏重重工業的發展，導致煤、電、燃料、船運和其他資源的不足，這加速了增加中國對能源的需求的壓力，中國的經濟安全將面臨很大的潛在威脅。事實上，中國已成為僅次於美國的世界第二大燃料消費與進口國。重工業的過度發展將加速對於既有的脆弱生態系統的摧殘，進而惡化經濟環境。這將威脅中國基本的製造條件與生活環境。[16]

　　貧富差距日益懸殊表現在區域、城鄉與階級之間。都市與鄉村、內陸與沿海的差距兩極化正急速拉大；都市居民與鄉村農民收入差距也不斷擴大。中國經濟的快速增長使數十億的財富流向企業家等少數人群，但大部分老百姓的收入增長卻十分緩慢。在基尼係數（GINI）方面，2013 年 1 月 18 日，中國國家統計局公佈 2012

---

15 維基百科，〈人口老化〉2013 年 1 月 29 日 http://zh.wikipedia.org/wiki（2013/3/2）。

16 Wu, Jinglian, "China's Heavy Industry Delusions." *Far Eastern Economic Review*, August 1, 2005. pp.56-57.

年基尼係數為 0.474，雖然比 2008 年的高值 0.491 有所回落，但仍顯示中國收入差距較大的事實。中國國家統計局局長馬建堂表示，中國仍然是全球收入差距較大的國家之一，巴西、阿根廷和俄羅斯分別為 0.55、0.46 和 0.40。[17]據統計，2008 年在新扶貧標準以下的扶貧對象為 4,007 萬人，反而比 2007 年增加了 2,528 萬人。中國官方現行扶貧標準只相當於國際水平的 65.53%。按照國際標準計算的中國貧困人口數在國際上仍排名第二，僅次於印度，農村貧困人口佔中國貧困人口的 90%。2009 年 12 月 18 日，溫家寶總理在哥本哈根氣候大會領導人會議上提出，按照國際標準中國還有 1.5 億農村人口生活在貧困線以下。2009 年，中國城鎮居民人均可支配收入 17175 元，農村居民人均純收入 5153 元，絕對差距從 2000 年的 3,748 元擴大到 2009 年的 12,022 元，首次突破 1 萬元。[18]貧富差距級距上昇之情形，可見一斑。上面所述的些負面的限制因素正在侵蝕中國經濟持續成長的基礎，造成經濟轉型的威脅，而成為十八大以後新一屆的習李政權的嚴酷挑戰。

---

[17] 〈中國公佈基尼係數 減小收入差距迫在眉睫〉《新聞視頻中心，KTSF》2013 年 1 月 18 日 http://www.ktsf.com/china-reports-income-gap-says-action-needed （2013/2/16）。

[18] 黃海燕，〈對中國農村反貧困的思考〉《中國共產黨新聞網》2010 年 10 月 9 日 http://theory.people.com.cn/BIG5/12902453.html （2013/2/16）。

中國與周邊大國的政經關係

　　2006 年中國外匯存底首度超越日本，成為世界第一；2008 年底的全球性金融風暴，中國的內需投入成為世界經濟成長的主要動力；2010 年，中國取代日本，成為僅次於美國的世界第二大經濟體。至此，中國以經貿同時作為外交手段與目的的策略乃日益明顯。而中國的經貿外交攻勢，除了與美國進行制度性的經濟與戰略的對話外，更著手於一些足以與美國分庭抗禮的經貿外交作為，包括開展中歐全面戰略合作夥伴、倡議東北亞自貿區、支持「東協＋3」、「東協＋6」、強化俄印等金磚五國間的合作、拉緊與非洲利益紐帶。箇中特別與亞太政經發展，同時與台灣的國家生存空間切身相關的，可以說是中國與歐盟、日本、東協、印度與俄羅斯等國的經貿外交關係的發展與變化。透過中國與這些大國經貿關係的發展，從而導出各種不同的安全與外交上的含義與劇情，多少有助於我們審視中國在亞太政經結構所居處的位置，以及台灣所面對的生存限制與機會。

一、中美關係

美國於 2001 年 10 月啟動阿富汗戰爭，2003 年 3 月攻打伊拉克，耗費國庫巨大財力。美國經濟成長率於 2004 年攀到高點，2005 起開始下滑，成長動能趨緩，此狀況對比於中國成長率的上升，可以說有很明顯此消彼長的態勢。中國見識到美國軍力之強盛，深知與美國從事正面對抗不切實際，將得不償失，如要有更長遠的圖謀，必須回到鄧小平時代所強調的「韜光養晦、善於守拙、絕不當頭」與「穩定壓倒一切」的主軸。胡錦濤所謂的「和平發展的道路與獨立自主的和平外交政策」，其實也是與鄧小平方針一脈相承，其內涵在於：以經濟建設為第一要務，在外交上則努力營造一個和平的國際環境和良好周邊環境。[1]不過，在「軟的更軟，硬的更硬」的指導思維下，中國的武力持續提升，國防預算支出呈兩位數成長。中國在政治、經濟、軍事等領域的全球化佈局，顯露了中國正以鴨子划水的姿態向外擴張。

中國利用美國發動攻打阿富汗與伊拉克戰爭，並與若干國家或地區關係惡化之際，以經濟誘因順利地擴大在亞太地區的結盟。在戰略佈局上，中國意在致力於經濟發展，再逐步取得亞太盟主地位，然後才與美爭霸。有很長一段時間，中國以「韜光養晦，不搞對抗」的策略作為其對美工作的指導原則，透過軟硬兩手策略，利用各種政經籌碼持續營造一個美國對其在國際經濟上與國際政治

---

[1] *Jisi* Wang, "China's Search for Stability with America", *Foreign Affairs,* Vol.84, no. 5, Sep/Oct 2005, p.39.

上有所需索的機會與空間，而讓中國因素成為美國對外政策的重中之重。以 2006 年 4 月 20 日胡錦濤會見布希之前，簽署了 160 億美金的對美採購，以及訪問期間有關調升人民幣匯率或增加內需的承諾來看，中國意在一點一點地讓利給美國，以爭取美國對它的寄望，從而增加中國操作美國外交政策的籌碼。

　　2008 年 9 月，美國雷曼兄弟宣佈破產後，金融危機開始失控，並導致多間相當大型的金融機構倒閉或被政府接管。而為了挽救這次全球性的金融危機，中國投入四兆人民幣於內需市場，成為世界經濟的一股穩定力量，進而促進美國對於中國的重視。而為了凝聚信心，恢復經濟成長，中美兩強的經濟合作，乃成為挽救全球經濟的必要之舉，也是美中戰略暨經濟對話機制的來源。美中兩國間的定期高層對話機制，討論包括雙邊、地區和全球的安全與經濟議題。立基於 2006 年 9 月 20 日的《中美關於啟動兩國戰略經濟對話機制的共同聲明》，該對話機制是由中國國家主席胡錦濤和美國總統歐巴馬 2009 年 4 月 1 日在倫敦會晤時一致同意建立的。首輪中美戰略與經濟對話於 2009 年 7 月 27 日開幕。在會上，歐巴馬呼籲，美國與中國在許多領域中的合作應更進一步。這種已開發國中最大國的美國和開發中最大國的中國之間的對話尚屬首次。而對話的內容主要涵蓋：經濟復甦、清潔能源、非擴散、國際間的威脅。歐巴馬表示，雙方在透過更多的透明性與規約性改革、自由與公平的貿易，追求圓滿杜哈回合協議，以推動雙方經濟復甦。美國並期待經濟成長中的中國能盡更多的責任。此外，氣候變遷、清潔能源、停止核武擴散與朝鮮半島的非核化、以及由極端主義、販賣人口、疾病與內戰所引發的國際威脅，這些都關係到美中雙方的利益。而在

諸多議題中，經濟是首要。中國的外匯存底在 2009 年第 2 季暴增 1780 億美元，出現了創紀錄的成長，當時中國總體外匯存底已增加至 2.132 兆美元。中國成為美國的最大債權國。而在歐巴馬的經濟復興計畫中需有大筆開銷，中國乃順理成章，成為債主。中美的經濟互賴關係不言而喻。

過去幾年來，美中經濟實力可以說有很明顯的消長態勢。同時，幾次的中美戰略與經濟對話下來，雙方在經濟領域的對話議題與層次，有明顯的進展與提升。雙方承諾將積極推進多哈回合談判，共同反對貿易和投資保護主義。尤其是，2013 年 7 月 11 日第五輪中美戰略與經濟對話在美國華盛頓閉幕，美方承諾儘快承認中國的市場經濟地位。這是中國引頸企盼已久的目標，美國的首肯與拒絕都將成為美中關係的重要觀察指標。不過，在 7 月 10 日中美戰略與經濟開幕會上，中國國務院副總理汪洋以「夫妻」、「不能走離婚的路」比喻中美兩國關係的緊密，同時也透露，中國國家主席習近平先前與美國總統歐巴馬會晤時說「兔子急了也踹鷹」，似乎意味著，中國要釋放一種軟中有硬的對美政策訊息。而 9 月 25 日中國外交部長王毅在第 68 屆聯大會議上表示，中方願為人類發展事業提供「正能量」，似乎在表露一種大國的自信。

回顧過去，中國整體的外交戰略有了很明顯地進展。正如 2011 年 7 月 22 日在印尼峇里島舉行的東亞峰會上，中國外交部長楊潔篪所說的，中國外交是用來服務其國內利益，尤其是與經濟發展有關的利益。他強調，要以全方位與協作的方式追求特定國家、特定區域與特定地區的外交。這一論述可以轉化成一個戰略主軸，那就是：中國正依恃其自身厚實的經濟實力，利用全球經濟格局的轉

變，而發揮其話語權與主導權，而此舉也明白地與美國產生分庭抗禮之勢。美國政府面臨國庫虧空的窘境，歲入不敷歲出。2010 年財長蓋特納（Timothy Geithner）曾表示，美國政府每花一塊錢，有 40%是借來的。當美國為了國債而苦之際，其對開發中國家的援助面臨削減，但中國方面卻是對開發中國家，進行大筆投資與信用貸款。國務卿希拉蕊柯林頓曾說過，中國善於四處邀請南太政要赴北京，大事加以收買與宴請。中國已然增加其對於非洲、拉丁美洲以及歐洲的影響力。

　　總括地說，驅動中國外交戰略的主要因素包括：能源安全、拓展外貿與國外市場、展現負責的國際形象，而其具體的作為則是藉由高階互訪、以商業、文化與教育交流的方式來提升軟實力。從中國自身的角度看，雖然中國自知有由區域往世界霸權邁進的可能性，但眼前仍無法與美國長期以來所扮演的角色等量齊觀，其經濟水準更無法與美國相比。基本上，美國仍是世界霸主，不管是軍事、科技、外交與教育文化方面皆是如此。只不過，全球權力金字塔有扁平化的趨向。美國固仍是當今霸主，但卻無法無視於權力多極化的發展。美國再也無法獨攬世界政經大權。中國正異軍突起，開始有自信欲與美國構建新型大國關係，分享權力與承擔責任。而無疑地，就在這個過程中，美國的相對消沈與中國的躍升，也促使美國更重視如何提防中國崛起對其霸權的挑戰。美國重返亞洲的政策在區域經貿與區域安全對中國的戒心，可以看出端倪。

二、中歐關係

冷戰結束後，國際政治出現一超多強的格局，區域強權也多半不願意見到美國獨霸的局面。這種戰略空隙，無疑地提供了中國一個策略性突破的出路：在避免美國成為獨霸的議題上，歐盟與中國是有共同利益的，更重要的是分散中國外貿與技術進口過於集中美國的限制。因此，歐盟雖非座落亞太地區，但作為大國，其與中國的關係的發展卻影響到中國與美國以及其他大國的關係，也間接影響到中國在亞太的發展與戰略布局。

歐盟執委會最早有關於歐盟與中國的長程戰略始於 1995 年，稱之為「歐中關係的長期政策」。1998 年歐盟提出「與中國建立全面性的夥伴關係」。2003 則出版了一份「成熟的夥伴關係：歐中關係的共同利益與挑戰」的政策報告，同年 12 月，歐盟通過「安全策略報告」，視中國為主要的戰略夥伴之一。歐中雙方同意在反恐、反大量殺傷性武器的擴散、環境變遷、洗錢、集團犯罪、以及販毒等全球性議題上合作。而中國方面，也首次發表了一份「論歐盟政策報告」。2004 年中國與歐盟的貿易量首度超越其與日本或美國者：中國與歐盟的貿易額達 1,772 億美元，中國與美國為 1,699 億美元，而中國與日本則為 1,678 億美元。儘管歐盟在中國的投資仍不如日本與美國在中國者，但其投資的總值卻可以與美日媲美，也就是說投資規模平均較大。歐洲人比較願意在中國投資高附加價值的產業，包括汽車、通訊和醫藥。2005 年後，中國成為歐盟第二大的貿易夥伴；歐盟成為中國首要的貿易夥伴。自 2005 年起到現

在貿易的增加意味著中國成為歐洲的主要利益之所在，尤其中國可提供低成本的製成品與半製成品。

在現實政治上，中國欲與歐盟這種有影響力的區域強權維持友善關係，當美國進軍伊拉克時，老歐洲與中國之間雖利益一致，皆反對美國作為，然而即便如此，中國領導層仍對於歐洲人「西化」與「演變」，充滿戒心。歐洲對中國在普世價值議題上的批評也從來沒有少過。2005 年中國與歐盟建交 30 周年，向「全面性戰略夥伴關係」推進。但，同一年也就是布希第二任期的開始之後，美歐關係獲得改善。在中國崛起的大背景下，歐盟明顯向美國傾斜。以德法兩國為代表，歐洲對中關係出現種種摩擦甚至衝突。德國表現出領導層與中國關係若即若離的態度，知識界和新聞界也在價值觀上嚴厲批判中國。2005 年中歐呈現的是：經熱政冷。

2007 年歐洲對中國的貿易逆差近 1600 億歐元，佔歐盟整體外貿赤字的 86%。歐中經貿如此密切，但歐盟直到目前仍遲遲不願給予中國市場經濟地位，中國為此十分不滿，畢竟歐洲已給了俄羅斯與烏克蘭，這兩國的市場經濟仍遠遠不如中國。2007 年 6 月 12 日中歐高級貿易對話在布魯塞爾舉行。但歐盟貿易專員曼德爾森（Peter Mandelson）和中國商務部部長薄熙來對貿易赤字問題產生嚴重分歧。曼德爾森警告說，如果中國未能補償日益不平衡的歐中貿易關係，那麼中國就將面臨歐盟一個「不耐煩和憤怒」的反彈。中國商務部則評論道，歐盟的評估報告不客觀。

2008 年 12 月第 5 屆歐中企業峰會前夕，北京因法國總統薩科齊（Nicolas Sarkozy）堅持與達賴會面，而決定推遲。法國也予以回應，宣布取消同時舉辦的第 5 屆歐中經濟峰會。不過，對於法國

的宣布取消此一會議，歐洲經貿界卻也有若干批評的聲音。德國商界因此要求政界應注意中國在西藏問題上的敏感性。歐盟駐華商會也表示，在世界金融海嘯肆虐當頭，世界經濟嚴重衰退之際，取消歐中經濟峰會等於是放棄了一個機會。中歐峰會是延續了十一年的中歐之間最高級別的溝通機制，中方決定推遲中歐峰會一事，不可謂不是一件小事。從謀略分析其中意義，可以看見，中國維護國家主權的決心相當堅決，而中國在人權乃至主權問題上不容外界干涉的相當強硬的立場。同時，實際上歐盟內部成員也非利益完全一致。「中國威脅論」在歐洲不脛而走。更多歐洲領袖視中國經濟成長為對歐洲利益的侵佔。對此，中國的答辯可以從 2009 年 1 年 30 日中國總理溫家寶訪歐途中的發言看出一斑。他說，中國對歐盟的外貿順差已經超過 200 億美元，中國並不需要過大的順差，而是需要保持外貿的基本平衡，但中國要從歐盟進口並不易，歐洲一些國家對中國還在實行高科技產品的禁運，還不承認中國的市場經濟地位。

　　2008 年底到 2009 年中國與歐盟衝突頻頻，從中歐峰會取消，到中國押後訂購空中巴士，再到中國不理歐盟和美國的交涉，處決被控為台灣充當間諜、曾旅居奧地利的科學家伍維漢，雙方關係陷入低谷。但時任中國國家副主席的習近平於 2008 年 11 月 21 日會見歐洲客人時卻表示：「目前，中歐關係步入了最活躍、最富有成果的時期。」這是不是應了他常說的「說軟話，幹硬事」也就是做一套，說一套的風格？值得推敲。2009 年 10 月中旬習近平訪問歐洲。這是他上任後首次到訪西方世界。此時正值希臘債務問題暴露之際。愛爾蘭、葡萄牙、義大利和西班牙也開始出現了融資困難，國債居高不下。在這種情況下，歐洲希望擁有大量外匯儲備的新興

經濟體能夠助其一臂之力。而中國作為世界第二大經濟體、最大的新興經濟體和外匯儲備大國，自然被歐洲賦予高度的期待。習近平在與比利時、德國、保加利亞、匈牙利和羅馬尼亞五國領導人會見會談以及工商界人士廣泛接觸與交流中，明確表達了，反對貿易和投資保護主義以及願與歐洲攜手應對國際金融危機的積極信號，並呼籲與各國務實合作、擴大貿易規模、拓寬深化與完善雙方之合作。2010 年 3 月因希臘急於援用鉅額融資以支付大量到期公債，而出現了債務危機。

　　2012 年 2 月 18 日時任國家副主席的習近平在對愛爾蘭進行正式訪問前夕曾表示，中國不贊成唱空或者做空歐洲，相信歐洲能夠解決主權債務問題，實現經濟復甦和增長。習近平強調，中國堅持把對歐關係作為外交戰略的優先方向之一，並說，中國還將繼續以自己的方式支援歐盟、歐洲央行和國際貨幣基金組織，為解決歐債問題做出努力。2012 年 4 月 26 日，溫家寶總理還於華沙宣佈，中國將給予中東歐國家 100 億美元的專項信貸額度，用以支持該地區的基礎建設。中國學者表示，中國也確實不負歐洲的眾望，自歐債危機爆發以來，中方不斷施以援手。只不過，對於中方的救助，歐方則抱怨，中國口惠而實不至。歐盟對中國貿易的逆差，已導致「中國經濟威脅論」甚囂塵上，甚至出現歐盟對中國採取反傾銷與反補貼的懲罰措施。這種所謂的「雙反」是前所未有的。不過，儘管如此，由於利害關係的考量，雙方終會設法避免毀滅性的貿易戰。

　　根據歐盟統計局的數據，2012 年繼第二季度環比萎縮 0.2%後，第三季度歐元區 17 國經濟再度出現 0.1%的下滑。歐元區經濟陷入「二次衰退」，同時失業率上升到了 11.7%的歷史最高點。德

國總理梅克爾（Angela Merkel）認為，危機最壞的時刻已過之說，為時尚早，歐元區仍要面臨著數年的痛苦改革、緩慢增長和高失業率的折磨。由於歐盟是中國最大的出口市場，債務危機使得歐中經濟關係面臨轉變：經濟低迷和削減公共支出，使得歐盟作為中國最大市場的地位下降。根據中國海關的統計數據，2012 年 1-11 月中國出口總量增幅 7.3%，但對歐出口卻下降了 7.0%，一升一降，對比鮮明。然而貿易量雖然降低，但由於歐盟國家的政府財政緊縮和金融機構流動性不足，對外來投資有持續需求，又經濟不景氣導致收購或投資成本相對低廉，因而，歐盟作為中國的投資國的地位乃跟著上升。只不過，絕大多數中國企業還處於國際擴張的初級階段，尤其是低知識密集型的業務領域，如批發貿易、食品飲料和零售業。再從另個角度看，歐盟國家內部經濟遲緩，也讓中國成為歐盟企業成長的來源。由於歐洲對人民幣國際化持積極態度，目前巴黎和倫敦都在爭取成為人民幣離岸結算中心，未來中歐貨幣合作的發展空間很大。

　　總體而言，當前歐中關係走到一個危險處境：歐洲經濟很難再成長，歐陸將繼續苦於失業率的提高，而在此同時，中國的快速成長也在降溫。這使得經濟上高度相互依賴的歐盟與中國皆面臨嚴酷的考驗。而尤有甚者，為了解決債務危機所帶來的經濟衰退，除了如上述所言，歐盟內部保護主義抬頭，針對中國進行了反補貼、反傾銷的調查。另方面，歐盟也正加速透過雙邊談判開拓外部市場：與韓國簽署了協議，與印度的談判亦正在進行中，與日本的談判則即將開啟，並且正醞釀與美國打造「跨大西洋自由貿易區」。這樣一來，貿易的移轉效應，不可避免將會對中國的出口造成排擠。此

外，在非經濟議題上，歐洲人有一種根深蒂固的優越感，認為經過啟蒙運動發展起來的西方民主、自由、人權等價值觀，具有普世性。歐中關係根本上的矛盾難以根除。不僅如此，至今中歐之間還有兩個發展的障礙，即：歐盟始終拒絕承認中國的市場經濟地位以及歐盟不願解除對中國的武器禁售。前者，根據世貿組織的規則，中國將自動獲得市場經濟國家地位，後者則仍遙遙無期。由於歐盟是中國最大的貿易夥伴、最大的出口市場以及第二大進口來源地，也是中國利用外資和引進技術的重要來源。中歐經貿關係的挫折將不利於中國自身經貿的發展、藉著與歐盟的關係和美國對抗、以及其在亞太的戰略布局。由此看來，中國勢必更轉而強化對亞太經貿的耕耘。

三、中日關係

中國與日本建交始於 1972 年。當時中國剛歷經了文革的大破壞，民生凋敝。相反地，日本卻經過了一段長時期的高度成長，成為世界第二大經濟體。中日兩國在經濟上有了互補的蜜月期。中國廉價的勞力、天然資源及初級產品，正與日本的高科技產品產生互補。1989 年天安門事件讓日本人民對中共政權印象有些改變，同時，日本政府被迫跟著西方國家，對中國進行制裁。不過，日本也是第一個對中國解除制裁的國家，中日經貿日益緊密。1992 年，日本平成天皇訪問中國，是史上第一位踏進中國領土的日本天皇。此一安排，讓中國在外交上有了突破，也讓日本因中國而增加了對美的外交自主。中日友好關係到達頂點。不過，1992 年鄧小平南

巡帶來中國第二波的經濟開放，經濟走向繁榮，相反地，日本開始出現停滯，中日經濟的浮與沉之對照，自此展開。

　　1995 年中國對台試射導彈，引起美日的緊張，1996 年 3 月台灣在中國的威脅下完成第一次總統民選。1996 年 4 月，日美兩國發表了《日美安保共同宣言》，該一宣言約定，一旦朝鮮半島等周邊區域有事時，美軍可從其設在日本國內的軍事基地出兵干預。美日所共構出來的安全架構，在冷戰前是以蘇聯為主要假想敵，而冷戰結束後，尤其是到了 1990 年代中葉之後，則轉而以中國為標的。《日美安保共同宣言》裡「周邊有事」的概念被提出來後，中方十分警惕，認為有針對性，其後果真發生了日本前自民黨政權高官和美國國務院官員發表釣魚（台）島一旦有事，也適用於《日美安保條約》的言論，中國立刻提出了嚴厲的批判，中日關係出現嫌隙。

　　1998 年底亞洲金融風暴逐漸平息，中國經濟日見強勢，日本經濟卻未見起色。進入二十一世紀，中國的綜合國力大幅提升，尤其是 2002 年加入世界經貿組織後，中國於 2006 年外匯存底首度超過日本，成為世界第一；2010 年 GDP 首度超過日本，成為世界第二大經濟體。2009 年 4 月舉辦的 G-20 會議，國際輿論便賦予中國和美國分庭抗禮的地位，有所謂的 G-2 之說。中國方面，隨著其綜合國力的大幅提昇、民族主義高漲、軍力增長，再加上體制不透明，中國日益成為美日同盟防範、遏制的戰略目標。

　　2009 年 8 月 31 日，日本民主黨在眾議院選舉中擊敗了長期執政的自民黨，實現了首次的政黨輪替。而實際上，美日安保同盟關係在自民黨政權末期已出現轉變，到了民主黨政權時期更出現重大質變，鳩山首相除提出美日兩國對等同盟關係的要求外，更在幹事

長小澤一郎的背後主導下與中國建立緊密互動關係，日美關係一度似乎要瀕臨鬆落，而日中關係則進一步強化。不過，2010 年 1 月 19 日，《日美安全保障條約》修訂的第 50 週年紀念日，美日的官方表現顯然又回歸於好。日本對美國在傳統安全議題上的依賴，並未明顯改變，日美關係依舊牢固。

　　不久之後，在 2010 年年 9 月 7 日，一艘中國漁船在中日兩國有主權爭議的釣魚台列嶼（日本稱尖閣諸島）海域與日本巡邏船相撞，揭開了兩國關係急轉直下的序幕。該事件發生後，日本外務省亞洲大洋洲局審議官北野充召見中國駐日大使館公使劉少賓，表達遺憾與抗議。而中國方面，外交部發言人姜瑜表示，中方已就碰撞事故「提出嚴正交涉與抗議」，並重申中國擁有釣魚台列嶼主權的立場，且要求日本巡邏船「不得在釣魚島附近海域進行所謂維權活動，更不得採取任何危及中國漁船和人員安全的行為」。日本外相前原誠司則強調現場為日本領海，並說任何國家的船隻都可以通過有關海域，但不能進行捕魚作業。事實上早在該年 8 月，日本媒體便報導，日本海陸空自衛隊將會在 12 月舉行以中國為假想敵的奪島演練，似乎要防範中國派兵登陸釣魚台列嶼，並還盛傳日本政府有意在沖繩與釣魚台列嶼之間的宮古島和石垣島派駐陸上自衛隊，以因應中國海軍近年在東海趨於活躍的軍事形勢。[2] 2010 年 11 月下旬美國《基督教科學箴言報》揭露，因領土糾紛，日本已經放棄將中日關係作為日本外交的一個關鍵支柱的計畫，轉而尋求傳統盟

---

[2] 〈釣魚台撞船事件　中日兩國相互提抗議〉《BBC 中文網》2010 年 9 月 7 日 http://www.bbc.co.uk/zhongwen/trad/china/2010/09/100907_china_japan_diaoyu_crash.shtml（2013/11/4）。

友美國的支持，並拉攏與日本一樣對中國崛起感到擔心的其他亞洲國家。日本前首相鳩山由紀夫所制定的宏偉目標—重新校正日本與美國和中國的關係，已成為逐漸消失的記憶。[3]

　　而在 2012 年 9 月 11 日日本政府宣布推動釣魚台國有化後，日中雙方關係惡化程度到達高峰，幾已無轉圜空間。日本除了企業大量往東南亞移動，首相安倍晉三也對美國所主導的 TPP 予以支持，不遺餘力。在 2013 年 2 月 23 日凌晨安倍與美國總統歐巴馬會面，並在戰略和國際問題研究中心（CSIS）以「日本回來了」為題發表演講，意在強化美日同盟關係，爭取民主結盟以對抗中國。然而即便中日關係如此惡化，中國仍是日本最大的貿易夥伴。2012 年 9 月，也就是釣魚台國有化的那一個月，日本外銷到中國的貿易量陡降 14.1%。[4] 2012 年一整年日本與中國的貿易下降 3.3%，是 2009 年以來第一次下降。其中，日本自中國進口增加 3%，外銷至中國者則下降 10.4%。[5]依此看，中日政治關係如果繼續僵持不前，中日經貿關係恐無法樂觀期待。

---

[3]　〈今晚全球：日本放棄優先發展日中關係〉《鳳凰博報》2010 年 11 月 22 日 http://big5.ifeng.com/gate/big5/blog.ifeng.com/article/8809223.html（2013/11/4）

[4]　Stephen Harner, 10/23/2012 "Mounting Japan Trade Deficits Raise Urgency of TPP, Japan-China-Korea, and Asean+6 Trade Talks," *Forbes*, <http://www.forbes.com/sites/stephenharner/2012/10/23/mounting-japan-trade-deficits-raise-urgency-of-tpp-japan-china-korea-and-asean6-trade-talks/>

[5]　Press Release, "JETRO survey: Analysis of Japan-China Trade in 2012 and outlook for 2013," *News & Updates*, https://www.jetro.go.jp/en/news/releases/20130219452-news

四、中國與東協關係

　　1997 年亞洲金融風暴以後，東協外銷不振，中國取而代之。1998 年下半歐美經濟步向榮景，帶動東協五國逐漸走出風暴，經濟開始慢慢回升。1999 年只有印尼成長掛零。然而，好景不常。2000 年年末國際性的網路泡沫，使得東協五國經濟再度下跌。畢竟東協固然是個集體組織，但在經濟上並不是一個內聚力很強的集合體。亞洲金融風暴期間，東協無力集體面對危機，而淪落自顧不暇的窘境。復以東協內部相互競爭，缺乏互補，難以凝聚力量的現象，導致個別國家利益重於集體利益。此外，東協的主力泰、馬、新、印、菲五國有不少結構性的問題，外部的壓力有原油上漲、日本蕭條、美國衰退與中國競爭力上升；內部的壓力則是外債、政治不穩以及金融改革未見成效，甚至也存有政治困擾，如菲律賓和印尼。相對來說，中國雖幅員廣大，是個不折不扣的一統國家，其策略的一致性與連慣性以及因應風暴的能耐，就遠遠不是東協所能望其項背的，是以，面對金融風暴，中國雖也壓力很大，險象環生，但終究成為金融風暴的贏家。且 2001 年底中國又加入 WTO，吸走更多的外資，外資到東協國家的金額隨之大幅減少。

　　隨著經濟全球化進程的開展，國際經濟領域的學者發現市場經濟作為一種信仰，已逐漸在衰退當中，代之而起的是一種制度性的區域經濟組織的建構。為了因應世界經濟越來越激烈的競爭格局，慘遭金融風暴摧殘的東協顧不得自身整合不力的困窘，也興起和東北亞中日韓等三國成立東亞自由貿易區的念頭。雖然箇中不無困

難，但理想上，為了應付外來地區的經濟挑戰，尤其是來自北美以及歐盟，對「東協＋3」而言，如果亞洲國家能夠形成一個共同的經濟合作組織，將會加強它們的經濟實力。畢竟，一個將近 20 億人口的巨大市場，將有助於加強東亞國家的競爭力。這一點，對於新加坡此等小國而言，尤其更具意義，因為它必須尋找依託才能跟其他的自由貿易區競爭。一般認為，如果東協國家能夠和東北亞國家組成自由貿易區，讓區域內的產品、資金和人才都能自由流動，那麼，廠商不僅不用再擔心匯率變化會影響收益，資源的分配也可以達到最適化。同時，區內亦可強化經濟安全網的建構與運作，例如美元交換計劃（dollar swap program），以避免或減輕類似亞洲金融風暴的侵襲。形成自由貿易區後，其與世界貿易組織其他成員所組成的經濟體競爭，力量自然可因而加強。

東協和中國建立自由貿易區的構想，最先是 2000 年 11 月由中國總理朱鎔基參加新加坡召開的「東協＋3（中日韓）」高峰會上提出來的。此一提案意在強化雙方的貿易和投資關係。東亞自由貿易區是否落實，主要仍取決於中日韓和美國的支持程度。如果中日韓這三個國家反應消極，或美國公開反對，那麼，東亞自由貿易區要落實的可能性就很小。對於朱鎔基的提議，吳作棟認為短期內中國將吸引許多原本在東南亞的投資，但是就長遠的目標來看，東南亞將因為和中國擴大經濟交流而受惠。基於弱勢者想藉著與周邊鄰居合作以提振自己的企圖，新加坡顯然並未立即排除朱鎔基的提議，但吳作棟對中國「短期內」吸金的排擠效應，顯然仍存有疑慮。新加坡總理吳作棟曾表示，東協和中國共同建立自由貿易區的可行性研究已經展開。不過，吳作棟更強調，類似的自由貿易區的研究也

應用在所謂的「東協＋3」身上，也就是東盟十國加上中國、韓國和日本三個國家，而非單僅和中國而已。中國認為應依循序漸進的方式，先與東協合作，成立「中國－東協」自由貿易區，然後再成立包括日韓在內的東亞自由貿易區。

不過，話說回來，如果東協不跟東北亞這三個經濟比較強大的國家建立一個 20 億人口規模的巨大自由貿易區，單靠它本身的經濟力量，則最終將被全球化的經濟規律所淘汰。在這種情況下，只要有利於擴大自由貿易區一事，自然都會為東協所樂見，剩下的問題只在於東協將如何設定與中國或日韓進行整合的優先順序，以及如何讓速度維持在對東協有利的水準。而從東協的立場來看，有利於東協者，並非建構一個「東亞自由貿易區」，而是與中國、日本和韓國分別進行自由貿易區的建構。這不是一個純經濟的課題，也涉及外交與戰略的考慮。這方面，中國政府展現了強烈的政治企圖，利用亞洲金融風暴期間，東協對 IMF（國際貨幣基金）的失望，提供東協很多的協助，包括：提供泰國和其他受影響的國家超過40 億美元的援助方案，也通過 IMF 的援助計劃和其他雙邊渠道，對東協加以援助；提供印尼等國家出口信貸和緊急醫療援助；控制人民幣的貶值，穩定區域經濟，同時拉動內需經濟，使東南亞的出口得到紓解；此外，於 2002 年在南海問題上，尋求與東協各方的和平解決。2002 年 11 月東協與中國於簽署「東協—中國全面經濟合作框架協議，並於 2010 年 1 月 1 日正式建成中國與東協的自由貿易區。相較而言，日韓的進度明顯落後，2008 年 6 月 21 日日本和東協的自由貿易協定才通過，而韓國與東協的自由貿易協定，則到 2009 年 6 月 2 日才完成。根據中國－東協商業委員會中國秘書

處的統計，2012 年中國與東協之間的貿易額已達 4009 億美元。[6]
2013 年中國海關總署於 8 月 8 日公布 7 月對外貿易數據顯示，中
國與東協雙邊貿易總值為 371.7 億美元，成長 13.1%，成長幅度遠
高於中國對日本、歐美的進出口貿易。[7]中國已成為東協的第一大
貿易夥伴，日本居第二。

　　短短幾年，中國快速崛起。不過，從安全與戰略的角度來看，
美國勢不會坐視中國的勢力在此毫無節制地擴張。其次，從經貿利
益來看，2012 年，東協是美國外銷的第四大市場，也是總體貿易
的第五大夥伴。[8]未來美國在東南亞的經濟支配應會再加深。東協
的國防預算與能力有限，更需依靠美國以對抗可能的「中國威脅
論」。自 2009 年下半年以來，中國與菲律賓及越南在南海島嶼的主
權爭議，箇中又捲入美、俄、印度等大國利益，使得中國與東協關
係變得更敏感。當然，相信東協不會與中國刻意疏遠，這除了有現
實的經濟利益外，也是東協長期奉行的等距外交的道理所在。同
時，東協會員有各自的國家利益以及各自與中國的政經關係之糾
葛，難有一致的對中政策。中國與東協的關係在美日的戰略因素捲
入後，將比過去更加複雜而多樣。

6　Bandar Seri Begawan, "ASEAN-China trade reaches record high," *The Brunei Times*, February 7, 2013. <http://www.bt.com.bn/business-national/2013/02/07/asean-china-trade-reaches-record-high> (2-13/11/4)

7　陳致甾，〈大陸對東協飆速成長　超越日本〉，《經濟日報》，2013 年 8 月 9 日<http://tw.myblog.yahoo.com/timlin366/article?mid=144&prev=151&next=142>（2013/11/4）

8　Resource Center, 2013 "Association of Southeast Asian Nations," Office of United States Trade Representative, <http://www.ustr.gov/countries-regions/southeast-asia-pacific/association-southeast-asian-nations-asean> (2013/11/4)

五、中印關係

中印同為人口大國,瑜亮情結致使印度的政治精英對崛起的中國始終充滿猜忌與敵意。1962 年印度對中國的邊界戰爭敗了仗,令印度人感覺是奇恥大辱。中印邊界問題一直未得其解,猶芒刺在背;中國西部大開發與青藏鐵路的建設,對印度的東北邊境產生威脅;中國在斯里蘭卡的影響力日增,則間接威脅到印度南疆;印巴的矛盾是歷史老問題,印度有很多人相信,巴基斯坦的核武是中國協助創造的;印度對成為聯合國安理會常任理事國的國家一事,十分積極,中國卻是最主要的障礙。印度人內心深處視中國為最大潛在威脅的陰影一直揮之不去,印度還曾舉行數十次以中國為假想敵的軍事演習。[9]

惟,國際局勢自進入後冷戰時期後,印度對外決策的總體趨勢由負面與消極,轉向正面與積極,由零和觀轉向共存共贏的合作觀,印度對中國的態度與政策也連帶有了某種程度的改觀。反之亦然。2004 年 11 月 30 日中國國務院總理溫家寶在寮國首都永珍會見印度總理曼莫漢辛格(Manmohan Singh)時表示,中印關係目

---

[9] Nabeel A. Mancheri and S. Gopal, 「How Does India Perceive China's Rise?」 *Foreign Policy Journal*, (http://www.foreignpolicyjournal.com/2012/12/18/how-does-india-perceive-chinas-rise) / & N.A., 「India's threat perception of China, 」 *Mashup*, (http://www.china-defense-mashup.com/indias-threat-perception-of-china.html) (2013/11/4);林若雪,〈中國與印度的安全關係:1989-2006〉,施正鋒、謝若蘭編,《當代印度民主政治》(台北:台灣國際研究學會,2007),頁 117,118-119&李明峻,〈印度的領土糾紛與其因應策略〉,施正鋒、謝若蘭編,《當代印度民主政治》(台北:台灣國際研究學會,2007),頁 175。

前處於歷史上最好時期。辛格則說，印度政府有解決邊界問題的強烈政治意願，印方希望雙方能儘早就解決邊界問題的原則達成共識。而那段時間，隨著中國積極與周邊國家發展睦鄰關係，印中雙邊貿易也跟著不斷成長。2004 年印中貿易額便達到了 130 多億美元的歷史新高。2006 年 11 月 23 日，中國國家主席胡錦濤對巴基斯坦進行國是訪問，是中國國家主席十年來首次訪巴。在訪問巴基斯坦之前，胡在印度停留了數日，並與印度簽下 13 項經貿合作及教育文化等方面的協議。中國領導人將這兩個敵對國家放在同一個旅程似乎想表達其在對待印、巴兩國的態度是相等的，以及中國無意利用巴基斯坦來制衡印度，也提醒巴基斯坦不要有利用中國來對抗印度的想法。[10]同時，在會面中，中印雙方領導人也互表善意。印度總統阿卜杜勒・卡拉姆（A.P.J. Abdul Kalam）表示，以深刻的興趣與欣賞來看待中國的快速發展，並認為雙方的緊密合作對人類生活整體改善有益，印度與中國的崛起是國際經濟體系的一個穩定因素。而中國國家主席胡錦濤則強調兩個主題加以回應：第一是同樣具有古老文明的中國與印度之「平行崛起」；第二是中印兩國在戰略與合作夥伴關係上的巨大潛力。[11]從 2004 年到 2006 年這一段期間中印雙方高層領導充滿善意的外交辭令不難看出，此際正是中

---

[10] 中國人民大學國際能源戰略研究中心及國際經濟政治學系主任查道炯在接受 Rediff 專訪中如此表示。請參見：高遠，〈中國是否還是巴基斯坦的戰略夥伴？專家談中、巴、印、美的四角關係〉，《大紀元》，2007 年 1 月 14 日，<http://www.epochtimes.com/b5/7/1/14/n1589745.htm>（2013/11/4）。

[11] Special Correspondent, "Kalam, Hu Jintao speak of parallel rise of China, India," *The Hindu* <http://www.hindu.com/2006/11/22/stories/20061122171 41400.htm> (2013/11/4)

國開展以經貿外交為前導的和平發展路線，而印度也正積極發展與中國的經貿關係。

時序發展至今，中印邊界紛爭始終沒有突破，這是兩國最大的矛盾點。中印邊界爭端的存在，也使得雙邊經貿關係再怎麼成長，卻始終擺脫不了互不信任和敵視的框框。近年來，中印各自在經濟成長與軍事擴張，同步顯著，這些發展促使緊鄰的世界兩大國，雙方在主客觀上都有更多互動的需求，也有更多的相互猜忌。中印雙方交往過程，可以說，既有競爭，也有合作。印度除了著眼於加強與中國的經貿關係與能源合作外，雙方高層的互訪也十分頻繁。不過，由於中國的綜合國力大幅提升，中國與印度的鄰邦巴基斯坦、緬甸、斯里蘭卡的交往日益緊密，中國對此區產生的影響力與日俱增，這一點令印度感到十分不安，尤其是，中國一直對巴基斯坦提供外交、軍事和經濟援助，讓印度對此非常不滿，經常把中方的任何行動都視作是對喀什米爾問題的間接干涉，反應激烈。

近年來中印外交爭端不時爆發。2009 年，印度為了中國發不同的簽證給查謨－喀什米爾邦（Jammu and Kashmir）的居民而抗議。2010 年 8 月份北京拒絕為印度所控制的喀什米爾駐軍部隊司令陸軍中將賈斯沃（B S Jaswal）發放入境簽證。根據兩軍交流計劃，這名印軍將領原本準備訪問中國。為此，新德里召見中國大使，提出抗議。[12] 2010 年 9 月 8 日一向謹言慎行的印度總理辛格（Manmohan Singh）首次以罕見的激烈言辭批評北京的戰略，指責中國可能會

---

[12] 胡瀟文編輯〈印度防務代表團將訪華　重啟雙方關係〉，2011 年 6 月 17 日，《東南亞南亞研究網》，<http://www.seasas.cn/article-114-1.html>（2013/11/4）。

把喀什米爾和巴基斯坦當作有損印度利益的南亞橋頭堡。[13]2012 年
10 月 20 日年印度高調紀念中印邊界衝突 50 週年，中印邊境氣氛
趨緊。2013 年 4 月 15 日起，中國軍隊駐進位於印控喀什米爾拉達
克的普桑谷地實際控制線，並在越線 10 公里處搭起帳篷紮營。印
方獲得消息後，隨即趕到相距 300 公尺的地方駐紮，雙方進行了長
達 20 天的「帳篷對峙」，直到 5 月 5 日，才進行撤軍。2013 年 5 月
11 日，此刻在北京訪問的印度外長庫爾希德（Salman Khurshid）
對媒體表示，中國跟印度準備簽署一項新的邊境防衛合作協議，以
化解兩國間存在已久的邊境衝突。[14]中方亦證實，總理李克強在 5
月 19 日訪問印度首都新德里，作為他接任總理後的首次出訪。[15]由
此可見，即便中印邊界問題仍不得其解，但著眼於自身利益，雙方
仍有立足於談判的意願。

　　只不過，正值中印雙方邊境問題爭端迭起之際，日益緊密的印
中經貿，也出現由正轉負的走勢。中國成為印度的最大貿易夥伴，
但印度對中國的貿易赤字卻難以改善。2005 年 4 月，中國總理溫
家寶訪印期間，兩國政府發表了聯合宣言，其中第 9 條指出，雙方
同意在能源安全和節能領域開展合作，包括鼓勵兩國有關部門和單

---

[13] Alistair Scrutton, "India PM warns China wants foothold in South Asia," Reuters, Tue Sep 7, 2010, http://www.reuters.com/article/2010/09/07/us-india-china-idUSTRE6860NU20100907（2013/11/4）。書山編譯〈俄稱中國實力增長和戰爭陰影刺激印度敏感神經〉，《新華網》，2010 年 09 月 09 日，<http://news.xinhuanet.com/mil/2010-09/09/content_14151813.htm>（2013/11/4）.

[14] 劉剛，〈中國印度簽署新的邊境協議　化解糾紛〉，中廣新聞，《新聞速報》，2013 年 5 月 12 日，<http://news.chinatimes.com/world/11050404/132013051200782.htm>（2013/11/4）。

[15] 〈中印從爭議地帶撤軍　「帳篷對峙」暫平息〉，《古漢台》，2013 年 5 月 7 日<http://news.guhantai.com/2013/0507/237037.shtml>（2013/11/4）。

位在第三國協作勘探和開採石油天然氣資源，雙方的合作關係成績斐然。[16]在整體貿易上，印度因大量出口鐵礦石等原料到中國，享有順差，但這種美好狀況至 2005 年便告結束。主要原因是中國進口鐵礦石的來源和數量都發生變化，但相反地，印度從中國進口的商品需求卻大幅上升。印對中漸由順差轉為逆差。中國商務部提供的統計顯示，2006 年中印貿易首次出現印度逆差超過 40 億美元，2007 年躍升至 152.8 億美元，2008 年上升為 208.9 億美元。2009 年雖稍有減少為 189.3 億美元，但 2010 年再攀升至 207.5 億美元，2011 年達 270 億美元。2012 年印度貿易赤字達 287.9 億美元，比上一年增加了 17.9 億美元。[17]印度對中國的不滿，再添一筆。

　　2010 年 10 月 27 日辛格訪問馬來西亞時，對一批商界領導人說：「印度和中國是競爭關係嗎？我發自內心地認為，我們兩國合作的機會極多。」他又說：「我認為世界是廣闊的，能容得下印度和中國共同實現增長和抱負。我們是從這個角度看待印中關係的。」[18]

16　2005 年 12 月，兩國石油公司第一次聯手以 5.73 億美元收購加拿大石油公司在敘利亞的一處石油資產 37%的股份。印度石油天然氣公司還與中國石油化工集團公司在伊朗一道開採雅達瓦蘭油田，其中中國控股 50%，印度控股 20%。2005 年 2 月 22 日，印度燃氣公司與中方簽訂協議，印方投資 2.43 億港元入股中國燃氣公司，成為有史以來第一次兩國上市公司之間的合作。2006 年 8 月中印再度聯手買下哥倫比亞一油田 50%的股份。參見：馬加力，〈能源壓力日益嚴峻 中印能源合作符合共同利益〉，《中國網》，2010 年 3 月 26 日，<http://big5.china.com.cn/international/txt/2010-03/26/content_19645451_2.htm>（2013/11/4）。

17　〈印度：2012 年印中貿易赤字跌幅逾 10%〉，《搜狐》，2013 年 01 月 21 日，<http://roll.sohu.com/20130121/n364192848.shtml>。曹中原編輯，〈印度媒體稱對華貿易逆差擴大讓印緊張〉，《新華網》，引自：《中國網河南頻道》，2012 年 11 月 1 日，<http://henan.china.com.cn/news/hot/201211/S04380IDJ6.html>（2013/11/4）。

18　魏愷責編，〈印度總理辛格稱與中國合作機會極多〉，2010 年 10 月 29 日，《新華網》，<http://news.tom.com/2010-10-29/OKVF/05781937.html>（2013/11/4）

辛格的說詞，看來更多的是外交辭令，而非真心話。畢竟，印度多年來對中國出口商品結構不見質的改善，鐵礦石等原料仍為印度對中國出口的最大宗商品，以至於印度有淪為中國的原料供應國之隱憂。相反地，中國的製成品卻長驅直入印度。印度貿易依賴於中國的態勢，益形明顯。印度的收入來源主要靠礦產和棉花，自中國進口者多半是資本財，這對於印度勞力密集的加工出口業有利。另外，發展經濟，也需要外資流入。中國強勢的資本、製造業、基建業，例如電信業的華為或太陽能的天合光能公司等等，正磨刀霍霍等著進軍印度。[19]2010 年 12 月 15-19 日，溫家寶總理訪問印度，與印總理辛格達成共識，同意建立中印戰略經濟對話機制。對話的宗旨是加強宏觀經濟政策協調，促進交流互動，共同應對經濟發展中出現的問題和挑戰。2011 年 9 月 26 日中印雙方在北京舉行首次的戰略經濟對話。2012 年 11 月 26 日中印雙方在新德里舉行第二次中印戰略經濟對話。由於中國現在是印度的第三大貿易夥伴，如果加進香港，則是第一，在思考中印關係時，需有更多的現實考量。

　　審視中印雙方關係，可以說，存在著既合又鬥，既鬥又合的關係。辛格在其兩屆總理任期中曾一再聲稱其政府高度重視製造業，將此作為發展的引擎，並希望透過與日本、韓國、美國等的合作，

Naveen Kapoor, "World large enough to accommodate ambitions of India and China: PM," *ANI*, October 27, 2010, <http://news.oneindia.in/2010/10/27/worldlarge-enough-to-accomodate-ambitions-of-india-andchin.html> （2013/11/4）

[19] N.A., "Friend, enemy, rival, investor," *The Economist*, June 30th, 2012, pp.31-32.

引入外國直接投資。[20]換言之，印度對印中貿易是存有疑慮的。而實際上，雙方的資本流通也微不足道；北京、上海與孟買至今仍未有直航，道盡了二者的心理距離。[21]誠然，就印度的區域地位與未來成為強權的展望，中國一直是印度最在意的國家。[22]為了防範中國，印度轉向東南亞尋求盟友，同樣地，東南亞感受中國威脅日益加深，也想尋求拉攏印度，相互取暖，以資抗衡。不管經貿上或安全上，都可看見印度與東南亞的更緊密結合。

印度與東協於 2010 年簽署自由貿易協定，已使得 2011-12 年的貿易量達 800 億美元，根據目標的設定，預計 2015 年前達到 1000 億美金。安全上，2012 年 12 月 3 日印度海軍參謀長尤希上將（D. K. Joshi）在記者會上表示，印度在越南附近南海海域進行的資源開發，屬於維護國家利益的行為，必要時會進行派遣準備。2012 年 12 月 20 日在新德里舉辦的印度－東協紀念峰會，越南總理阮晉勇（Nguyen Tan Dung）便呼籲印度回到東協－中國南海行為準則的軌道上來。過去，中國曾為此與印度多次交涉，警告印度遠離南海。[23]由此可見中印在東協較勁意味的濃烈。

---

[20] 趙干城，〈略論中印經貿關係若干問題〉，《南亞研究》，上海國際問題研究院南亞研究中心，2012 年第 2 期，<http://www.siis.org.cn/Lunwen_View.aspx?lid=10000487>（2013/11/4）。

[21] N.A., *The Economist*, June 30th, 2012, pp.31-32

[22] N.A., "Briefing India as a great power," *The Economist*, March 30th, 2013, p.20.

[23] Elizabeth Roche, "India, Asean seek enhanced maritime security cooperation," Dec 20, 2012 <http://www.livemint.com/Home-Page/xX888o6Uszce35XCea5wxL/IndiaAsean-finalize-FTA-in-services-investments.html> (2013/11/4)

六、中俄關係

　　中俄關係走近與俄歐和俄美之間的矛盾有一定的關係。俄羅斯與歐盟雙方皆有意建立一長期而值得信任的能源夥伴關係，但實際上俄羅斯與歐盟之間由於過往深刻的仇視經驗，潛在的互信不足，而遭遇許多困難。俄羅斯曾經試圖與歐洲結盟，聯合對付美國，卻功敗垂成。在美國入侵伊拉克之際，普欽原本有意聯合法德來對付英美，裂解歐盟，但事與願違，即便類似美國與德法之間存在如此嚴重歧見者，也無法見縫插針。歐盟不願意以此與俄羅斯做交換，對付美國。美國前總統柯林頓在位時，俄羅斯曾試圖過欲與美國修好關係，而柯林頓也主張對俄羅斯採交往政策，但兩國關係終究並無大的突破。主要理由是，俄羅斯擁有強大的核武能力，柯林頓對俄羅斯一直放心不下。2001 年 9 月 11 日，美國遭受恐怖攻擊。在美國遭受恐怖攻擊初期，俄羅斯高度配合美國的反恐行動，可謂不遺餘力。固然俄羅斯反恐也別有目的，例如可藉反恐之名，行武力自由運用之實。在當年 10 月份上海 APEC 會議，布希與普欽發表聯合聲明，雙方表示在「新的戰略架構下」合作，並在新世紀維持長期合作的夥伴關係。一時之間，俄美關係大有進展。

　　然而，好景也不過兩個月。2001 年 12 月 13 日，美國總統布希卻宣布退出 1971 年美蘇《反彈道飛彈條約》，為部署全國飛彈防禦系統清除最後障礙。普欽不悅表示美國片面廢止的決定是一大錯誤，但普欽同時卻強調布希這項決定不會威脅到俄羅斯的安全，

俄國也會繼續削減核子彈頭的數量。普欽總統對美國片面廢約的低調回應，顯示俄羅斯國力的滑落，尤其是經濟的窘境，促使其走向對美靠攏的戰略選擇。然而此後，當美國對伊拉克發動戰爭，俄羅斯卻堅決反對。克里姆林宮對於布希開啟伊拉克戰爭，嚴厲批判，俄美關係出現嚴重齟齬。然而俄美惡化的關係並未持續很久，到了伊拉克戰事的後期，俄美關係又逐漸修好。只不過，雙方在民主與人權議題上的矛盾，一直是外交關係無法提昇的障礙。克里姆林宮始終擔憂西方所持的民主反對勢力在俄羅斯茁壯，因此對於境內西方非政府組織以及其所支持的團體，嚴加打壓。莫斯科很懼怕一旦民主風潮大舉入侵，勢將連帶摧毀其既有的權力結構。[24]西方世界對俄羅斯的威脅一直是結構性的。俄美這種曖昧不定的窘境，竟間接地驅使俄中走得更近。

　　由上述俄美關係的發展看來，俄美關係所呈現的是：時斷時續的緊張以及長期不睦卻偶有短暫融洽的景象。俄羅斯由於受到西方的箝制，策略上需暫時尋求中國方面的合作。尤其俄羅斯對於美國所佈署的全國飛彈防禦系統，很難進行立即的妥協。[25]而為了因應美國的單邊主義動作，莫斯科和北京乃聯合起來反對美國違反《反彈道飛彈條約》的舉措。在此，中俄找到了共同利益的交集。2000年7月普欽訪問北京後，中方向俄方提出《俄中睦鄰友好條約》的

---

24 Katz, Mark N. 2007. *Russia's Security Challenges*. <http://www.isn.ethz.ch/Digital-Library/Publications/Detail/?ots591=0c54e3b3-1e9c-be1e-2c24-a6a8>c7060233&lng=en&id=58416> (2013/11/4)

25 Bin Yu, "China-Russian Relations: New Century, New Face, and China's Putin Puzzle."<http://csis.org/files/media/csis/pubs/0001qchina_russia.pdf> (2013/11/4).

草案，內容提及兩國的戰略關係、經濟合作與睦鄰關係。2001 年 7
月 15 至 18 日，中國國家主席江澤民訪問莫斯科，於 16 日與普欽
簽署了《俄中睦鄰友好合作條約》。同日並簽署《俄中元首莫斯科
聯合聲明》。聲明中明確反對廢除《反彈道飛彈條約》的堅定立場。
雖然，中俄此舉並未能阻止美國的既定行動，但莫斯科與北京間的
政治、外交與策略之協調與聯繫卻為之更趨緊密，這為往後兩國的
交往奠定下了雄厚的實質基礎。如何與中國發展政策的調適，以穩
定軍事關係、推動外交協作與促進經貿交流，乃成為俄羅斯的對中
政策中的主要內涵。[26]

中俄關係在安全上也有長足進展。曾經困擾中俄百餘年長達
4,300 多公里的邊界領土問題，在 2004 年獲得全面解決。這不僅對
於維護中俄、東北地區以及整個東北亞的和平與穩定意義重大，也
對於消除兩國民間的民族主義情緒以及保持中俄長期睦鄰友好，居
功厥偉。在經貿上，中俄雙方的全面合作取得了快速的進展。中俄
之間在直昇機產業、機械工程、能源部門、木材製造以及創新部門
的合作，進展神速。此外，俄羅斯不少與能源、礦物有關的公司都
對投資中國產生興趣。俄羅斯的木材計畫也期待擁有資金的中國能
加入投資行列。[27] 2009 年 2 月俄羅斯同意供應中國 20 年的石油，
藉以換取 250 億美元的利益。普欽 10 月中旬訪北京在石油、天然
氣以及核子所簽訂的合約，讓俄羅斯成為一個全球性的能源供應
者，油管還由柏林延伸到北京。2009 年底中俄煤炭的交易量已達

---

[26] 同上。

[27] RIA Novosti, "PM Putin suggests Russia, China ditch dollar in trade deals,"28
October, 2008 <http://en.rian.ru/russia/20081028/117991229.htm> （2013/
11/4）.

10 億美元的數額。[28]中俄的經貿關係日益密切。2012 年，中俄雙邊貿易額為 881.6 億美元，中國已連續三年成為俄羅斯第一大貿易夥伴。能源方面，俄羅斯積極避免其能源出口過度集中而導致受制於人的風險，俄羅斯出口能源到中國正可以降低對歐洲消費市場的依賴。[29]除此之外，在國際政治上，俄羅斯與中國共享利益，至少還表現在另外的兩方面：（1）車臣議題促使俄羅斯向中國尋求支持；（2）在面對美國單邊主義，俄羅斯與中國需要相互強化「多極」（multi-polarity）的概念。[30]

俄羅斯的東亞政策的旨意，不外乎是尋求與美國及美國之歐洲盟友間互別苗頭。尤其是，俄羅斯必須面對近來經濟負成長的現實，而這種情勢又使得東亞在俄羅斯的戰略地圖中的地位更加顯著。[31]而俄羅斯向東發展之企圖又與中國的崛起所帶動的強大的東亞經濟動能，密不可分。[32]

不過儘管中俄的合作讓俄羅斯在面對國際列強時，找到一定的槓桿，但回溯過往的中俄關係，過去十年來中國扶搖直上的發展，看在曾是世界權力舞台上第二把交椅的俄羅斯，著實既不是滋味，

---

28 Lucian Kim, "Putin's China Visit Helps Russia Become Global Energy Supplier?" *Bloomberg*, 13 October, 2009 <http://www.oilandgaseurasia.com/news/p/0/news/5871> (2013/11/4).

29 同上。

30 Hsiung, James C., U.S.-Russia-China: An Update on the Strategic Triangle. RIANGLE, <http://www.nyu.edu/gsas/dept/politics/faculty/hsiung/strat_tri.pdf> (2013/11/4)

31 Robert Legvold. "The Russia File: How to Move Toward a Strategic Partnership," Foreign Affairs, July/ August, 2009, pp.78-93.

32 Tymoshenko, Yuliya. "Containing Russia," Foreign Affairs, May/ June, 2007, pp.69-82.

也不免憂慮。中國快速的經濟崛起，令俄羅斯擔心沒有能力在經濟上與中國競爭，甚至在國際政治上被降格成為北京的「小老弟」地位。這是中俄關係發展的不確定因素。[33]再從更長遠的視角看，莫斯科對中國一直存在戒心。西伯利亞和遠東區因嚴重人口外流而導致人口失衡，令俄憂心中國邊境的移入人口勢將大量湧入西伯利亞與遠東區，逐漸蠶食俄羅斯。再者，中俄邊境毒品、非法移民、走私貨品、及環境汙染問題接踵而來，「黃禍論」的疑懼依舊揮之不去。[34]只不過，俄羅斯試圖遏制美國海外勢力，中國的威脅並非當下的。而另一方面正好中國需回應美國 2009 年後向亞太的戰略轉移，且 2012 年 9 月中日在釣魚台主權爭端升溫後，日本四處結盟，中國也需要加以反制，俄羅斯成為中國首要考慮的結盟對象。在此，中俄有了共同利益。不過，兩國關係並非想像的那麼好。近年來，中國向海洋發展且勢力擴張到鄂霍次克海和北極海，此舉令俄羅斯相當緊張。據《產經新聞》報導，日俄已達成協議要在鄂霍次克海舉行聯合海上安保演習。[35]俄羅斯向印度和越南提供先進武器，令中國不快，而曾是俄羅斯武器最大買家的中國如今成為主要

---

33 許菁芸，〈中台俄關係二十年──權力、利益、認知的回顧與前瞻〉《台北論壇》，2013年 11 月 4 日，<http://140.119.184.164/taipeiforum/award_pdf/8.php>（2013/11/3）。

34 同上。

35 〈日俄聯合軍演牽制中國〉，《中時電子報》，2013 年 11 月 1 日，<http://www.chinatimes.com/newspapers/%E6%97%A5%E4%BF%84%E8%81%AF%E5%90%88%E8%BB%8D%E6%BC%94%E7%89%BD%E5%88%B6%E4%B8%AD%E5%9C%8B-20131101000928-260108（2013/11/4）。

競爭對手，也令俄羅斯感到不安。此外，習近平並無意冷淡美國。中美皆有正常往來的需求，自然也令俄羅斯的對中政策有所保留。[36]

　　然不管如何，在中美之間尋找戰略平衡，已成為普欽的戰略選擇。俄羅斯在與中國友善的同時，也持續加強與美國的聯繫，並且不忌諱在南海資源上與中國進行爭奪。例如俄美正不斷加強航天航空等高科技領域合作。俄美關係雖時冷時熱，但在特定情況下，也不排除俄羅斯倒向美國的可能。[37]為了箝制中國，使之不過度發展而威脅俄羅斯的存在，俄羅斯也玩起其他和中國有潛在矛盾的牌，印度與越南便是可以操作的兩張牌。中印邊境問題遲遲未解，偶而還爆發緊張，印度也一直將中國的發展視為假想敵，而越南和中國在南海紛爭正在熱頭上，這些皆成為俄羅斯對中國保留一手的一支王牌。俄羅斯在軍事上對印度給予大力扶持以及俄方完全不顧及中國的反對與越方合作開採爭議地區油田，在在顯示，中俄其實只存在有限度的夥伴關係，並沒有什麼戰略夥伴關係。[38]

---

36 〈英媒：中俄關係密切但仍存難題〉<http://www.bbc.co.uk/zhongwen/trad/press_review/2013/03/130323_press_xi_russia_visit.shtml>（2013/11/4）。
37 許菁芸，〈中台俄關係二十年——權力、利益、認知的回顧與前瞻〉（2013/11/4）。
38 同上。

圍堵中國擴張的海上結盟

近幾年來，東亞局勢很不平靜。2009 年 7 月 23 日美國國務卿希拉蕊柯林頓在東協區域論壇宣示美國重返亞洲，隱然有以中國為主要假想敵的政策含意。2010 年 9 月 7 日，中國大陸籍漁船與日本海上保安廳巡邏船在釣魚台附近海域碰撞，引發既有的釣魚台爭端再起，自此，中日關係日趨惡化。2011 年 5 月 30 日中國和越南互相指責對方侵犯了自己在石油儲量豐富的南中國海的主權，兩國之間的關係日趨緊張。2012 年 4 月 10 日中國和菲律賓雙方在南海黃岩島海域對峙。可以說，環繞在中國的周邊關係，這幾年來有急轉走下的趨勢。

一、東海的對峙

東海是指長江出海口以南、中國大陸以東的大片海域。據了解，包括釣魚台列嶼在內的東海陸架盆地有效勘探面積 24 萬平方公里，約為六、七個台灣面積大小，最大沉積厚度 15,000 米，一般認為油氣資源十分豐富，但目前勘探程度低，數據缺乏，所以確

切狀況並不清楚。[1]不過，此區是中國、日本、韓國、台灣等國家的海洋戰略要地。而該海域所存在，夾在日本、台灣、中國三方的釣魚台（日本稱尖閣諸島）及附近海域歸屬問題，以及與此相涉，在釣魚台海域附近蘊藏石油的說法，已成為熱門的國際議題。自從1968年發現石油後，此區的爭議就沒有間斷過。中國自1970年代就開始與國際合作或自力勘探東海大陸礁層淺海地區的油氣碳床，在長江口外，上海以東海域的東海大陸礁層盆地中部發現了「西湖凹陷」。自1980年起，中國大陸已在西湖凹陷油氣構造中，先後推動了平湖、春曉、天外天、斷橋、殘雪、寶雲亭、武雲亭、孔雀亭等八個油氣田的工作。此外，還發現了玉泉、龍井、狐山等若干大型含油氣構造。平湖油田最早投產，供應大上海地區民生工業用氣。而不久前相繼投產的斷橋、殘雪、春曉、天外天則採取中國自營開發經營的模式，統籌投資管理，合稱「春曉油氣田群」。

　　2005年9月19日東海春曉油田一個鑽井平臺的井架煙囪噴出了第一把火，意味著春曉油氣田正式邁入生產階段。一般估算，通過海底管道，中國每年可向浙江省和上海地區輸送800億立方呎的天然氣。正因為中國大事開發，日本很擔心春曉油田將因虹吸原理，吸取到儲存於中線東邊日本經濟海域地底下的油氣資源，而為一勞永逸計，日本欲以釣魚台為其領土來作依據，除了考慮釣魚台因爭議而尚未探勘那粗估30億桶石油之譜的蘊藏量之外，從釣魚台向外推出200海浬的專有經濟領域，潛在的利益極為龐大、誘

---

[1] 陳讚煌，〈從保釣到東海油田之爭 為什麼必須取回釣魚台？〉，《文薈》，<http://www.wenhui.ch/modules.php?name=News&file=article&sid=1753> (2013/11/4)。

人。日本將釣魚台國有化之舉，其利益是相當可觀的。而因為釣魚台與蘊藏豐富油氣的東海油田距離大約只有 160 海浬，是以，日本如能擁有釣魚台主權，其所延伸出來的專有經濟領域將直達包括中國現有龍井、玉泉、斷橋、天外天和春曉在內的東海礦區，同理，台灣的利益亦及於此。由此可見，釣魚台歸屬問題的重要性，不能以一般等閒視之。[2]

　　日本宣稱擁有釣魚台主權。而一旦奏效，並以之作為海域劃等距中間線的基礎時，那麼很自然的，日本即可主張同享中國的大陸礁層，這樣中國在東海大陸礁層上相當大面積的排他性權力就會消失，這應是釣魚台列嶼從主權糾紛，提升進入專屬經濟區劃界爭執的主要原因。中國認為，春曉油氣田群位於北緯 28 度 10 分至 28 度 40 分、東經 124 度 50 分至 125 度 20 分之間，即使依日本自訂中間線，也在此線西方中國大陸一側。在歷經 20 多年自力探勘開發，中國已全面進入生產階段的油田，自然沒有共同開發的需求，因而回絕了日方的提案。日本則認為，釣魚台列嶼為日本固有領土，並以之為東海 200 浬專屬經濟區的劃界基線，所以日本無法接受中國的主張。[3]相較而言，南海與東海的最大差別是，南海引起的政治熱度沒東海那般高。東海紛爭還涉及韓國與中國受日本殖民侵略的歷史情結。

　　2005 年中日東海油氣田糾紛擴大後，日本派自衛隊飛機偵察，並全面監測油田工程進度及周邊海空活動；中國除派飛彈艦艇

2　陳讚煌，〈從保釣到東海油田之爭　為什麼必須取回釣魚台？〉（2013/11/4）。

3　龍村倪，〈釣魚台及春曉油田──日本劃定的〈「防空識別區」〉，《全球防衛誌》，第 261 期，2006 年 5，<http://www.diic.com.tw/mag/mag261/261-68.htm http://www.diic.com.tw/mag/mag261/261-　68.htm>（2013/11/4）。

防護海域油田安全外，也派科學調查船繼續進行新的探勘。此外，日本也緊急修改自衛隊法，建立新的接戰規定，授權航空自衛隊和海上自衛隊，執行警戒監視任務時如遇緊急狀況，可使用武器作援護射擊。[4]其次，飛航資源也是很重要的議題。1969 年，日本政府依照美軍的防空識別區，由日本防衛廳重訂防空識別圈，在沿海舊線東經 123 度，將位於東經 123.23 度的釣魚台列嶼全部納入日本領空防衛範圍。東經 123 度以西才是中華民國領空的空域，台灣軍民用航空器非經同意不得飛越，使得台灣飛行空域平白大幅縮小。[5]由此看，釣魚台的主權歸屬，也涉及飛航資源的取得。再其次，釣魚台漁業資源豐富，也是聲索國爭議的動因。

事實上，自從釣魚台海底蘊藏豐富石油與天然氣的傳聞不斷被報導之後，中日在釣魚台的爭執一直沒有斷過。但 2010 年 9 月 7 日，一艘中國漁船在中日兩國有主權爭議的釣魚台列嶼海域與日本巡邏船相撞，揭開了兩國關係急轉日下的序幕。自此，日中關係日趨惡化。2012 年九月上旬日本推動釣魚島國有化，中國發動一波波的大規模示威活動，予以報復。而繼 58 個城市的強力動員結束後，中國採取的是在邊界進行飛機、軍艦、船各路齊發的軍事威逼行動。一路上，中國占盡主動的優勢，日本則一路挨打，顯得相當倉皇狼狽。然自 12 月 16 日的下議院改選，自民黨獲得政權後，新首相安倍晉三的對中態度與行動乃顯得越來越強硬。安倍除了要增加防衛及海上保衛廳預算，並開始展開與落實他在 2006 年擔任首

4　龍村倪，〈釣魚台及春曉油田——日本劃定的〈「防空識別區」〉。
5　同上。

相時所提的「自由與繁榮之弧」的構建，以轉守為攻，加強對中國的包圍。

2013 年 1 月 21 日，就在美國總統歐巴馬第二任就職前夕，美日外長於本月十八日在華府舉行會談。會談之中，希拉蕊柯林頓表示，對於釣魚台的最終主權歸屬不採取任何立場，但承認日本政府對釣魚台擁有行政管轄權的立場不變。對於美國的做法，中國不遮掩情緒，其外交部發言人秦剛對希拉蕊的說法全力反擊，並以「罔顧事實，不分是非」以及「強烈不滿和堅決反對」的措辭來回敬。中方也繼續痛批日本錯誤的購島行動，並藉由中國海監船輪番駛入釣魚台的鄰接水域，表達心中的不滿情緒。中國軍委副主席許其亮更在視察部隊時呼籲解放軍，「一切工作向打勝仗聚焦」。

日本首相安倍晉三上任以來，積極於外交斡旋，爭取民主結盟以對抗中國。固然美國總統歐巴馬第二任的首要仍在於其國內經濟的改善，但重返亞洲也是收攬友邦人心的重要戰略，必須落實。而日本如想建構其對中國的包圍圈，必須克服內閣更換頻仍、經濟長期衰退、以及區域領導角色亟待重建的弱點。但中國不斷地進逼，卻多少喚醒了日本國民意志的警覺，上下一心，成為日本決策的背後支持力。日本人做事認真與嚴肅，一旦認為中國對其威脅是真時，會細心分析，一步步規劃，並認真執行。日本經過這次被中國大剌剌地教訓過後，恥感必會刻骨銘心，類似民主黨小澤一郎等在 2009 年那種對北京的親善舉動，不管出於真心或權謀，短時期內應不至於再出現了。至少，當中國再有類似 2012 年大規模抗議，對日本的機構與人進行打砸的行為時，日本應不止於消極處置。可以預見，中日關係已回不去從前的和諧。再加上經過長時期藉經援

中國寬慰其二次大戰侵略中國的內疚心裡，中國一而再，再而三的反日行動，實際上是讓日本大步甩開原罪心理的最佳助力。對於已成形的「中國經濟中心論」現象，日本定也不甘示弱，而恢復區域經濟霸主地位的行動，當會竭力矢命達成。上述這種光景一旦到來，那麼，一個均勢的亞太權力結構將更明朗。而事實上，這正是美國所期待者。隨著經濟衰弱，美國已無力一手撐起世界秩序。中日之間對峙，將使得美國在東亞得以或分而治之，或左右逢源。對於其他亞太諸國，情況亦然。再反過來說，日本為了得以贏取周邊的支持，以便與中國分庭抗禮，其對待周邊國家的態度將會更周到。日本的重振會讓周邊國家的政治與經濟選擇變多，而不必一味看中國的臉色。自 2010 年起，日本的資本便大量往東南亞與印度移動。日本在東南亞投資已超過其在中國，便是一種有序變化的徵兆。

二、南海的對峙

南海有三大群島：南沙群島（Spratlys）、西沙群島（Paracels）和中沙群島（Macclesfield Bank）。其中，南沙是島礁最多、分佈最廣的一組群島。南沙群島地處熱帶，擁有豐富的海底資源，包括魚類、石油、天然氣和礦藏。其中油氣資源尤為豐富，地質儲量約為350 億噸，有「第二個波斯灣之稱」。[6]

1969 年是南海區域衝突的起始點，那年在南沙發現了石油的蘊藏。1970 年初，石油危機爆發，南海群島對於聲索國的重要性

---

[6] 〈南沙群島〉，《百度百科》，<http://baike.baidu.com/view/16187.htm>。百度記載：據專家估計，有 140 億噸石油和 22.5 萬億噸石油當量的天然氣。

乃驟然升高。而事實上，南海的重要性不只在資源，更在於安全與
戰略地位。它是商船通過的海陸必經之路，有防範海盜與恐怖分子
侵擾的海線安全價值，同時也是各強權海上安全通行與軍事結盟的
重要據點，是兵家必爭之地。因為資源與戰略位置的需求，諸聲索
國之間衝突迭起，爭端不斷。

　　南沙群島中最大的島，也就是太平島，於 1946 年為台灣所收
復。1951 年中共開始對南沙進行聲索。1968 年菲律賓占了三個島。
1973 年南越占了五個島，但此不為中國所理會。1978 年菲律賓占
了更多的島，稱之為自由地或卡拉延（Freedom land or Kalayaan）。
1979 年馬來西亞開始聲索。1988 年中越為赤瓜礁（Johnson Reef）
有了嚴重的軍事對峙。1995 年中國與菲律賓為了美濟礁（Mischief
Reef），衝突時起，紛爭不斷。[7]1982 年聯合國海洋公約專屬經濟領
海的規定，是使得諸聲索國之間之衝突的上升，難以遏止的制度性
原因。依此法令，爭議國得有一個穩固的國際法律地位來拓展他們
的專屬經濟領域，且再加上自這些小島所外延而得的水域，各聲索
國自是大施拳腳，爭不相讓。中國、越南和台灣都曾對整個南沙作
出聲索，而菲律賓、馬來西亞、汶萊則利用專屬經濟領海的名義強
化他們的聲索範圍。從地理鄰近的觀點看，聯合國海洋法公約第六
部有關大陸礁層架（Continental Shelf）的規定，基於鄰近性，乃進
一步合法化菲律賓、馬來西亞與汶萊的聲索之合法性。

---

[7]　Sopheada Phy, "The management of the Spratly Islands conflict: Success
　　or failure?" June 2, 2009, http://www.monitor.upeace.org/innerpg.cfm?
　　id_article=623 (2013/11/4)

　　中國現為世界第二大經濟體，對於養活人口與經濟永續經營而言，自南海萃取經濟資源固是一種願景，在激烈競爭中，島嶼的占有是很迫切的。而且，控制了南沙，可擴大海疆，並將整個南海轉成中國的內海。同於此理，越南整個海岸線緊鄰南中國海，它一方面暴露於戰略脆弱的環境，但另方面如掌控得好，卻是成為其強點，供其外拓。就經濟而言，台灣是依靠石油進口的經濟體，南沙的石油與天然氣自然是關係重大。就戰略地位而言，中國一旦控制南海，台灣對外貿易就會遭到影響。菲律賓也和台灣、越南一樣，都是能源進口國，一樣脆弱。此外，菲律賓的軍力薄弱，因此擔心周邊國家侵略，對於南沙更是在意。馬來西亞藉出口石油與液化天然氣而發展工業，關心南沙問題，主要著眼點不是經濟而是安全戰略。汶萊則是著重漁業與安全戰略的考量。

　　儘管 2002 年中國與東協在南海議題上簽訂了《行為準則宣言》（The Declaration of Conducts），但爭議仍然不斷。由於主權紛爭無法獲得圓滿解決，南海領土劃界有所爭議，在南沙至少有六國有宣稱上的重疊，而目前尚缺一個固定的安全架構，以致於領土爭議像一顆不定時炸彈，有隨時引爆的危險。南海的魚類、珊瑚礁、海底環境目前遭遇嚴重的破壞壓力而無力處理。此一環境危機成為多邊合作倡議推動環境保護與資源管理的潛在動力來源。這說明，爭議其實也給予大家一個相互合作的誘因與機會，尤其是南海的南部部分，那裡蘊藏著豐富的石油與天然氣。而探勘活動也早已展開。以每年的海洋生產來看，在世界 19 處漁獲區，南海排行第四。當此區的傳統漁場都面臨枯竭之際，未來南海的資源便是那些沿海國家追求資源再生之海域。此外，此區的安全也關乎外面的強權，尤

其是那些饑渴於石油供給的經濟體，包括日本、韓國與台灣、以及中國的南方省份，他們的生存皆繫乎此區航道的安全與暢通。[8]

東協在更大的區域架構內有組織架構在處理此事。1988 年中國和越南發生了衝突後，對於南沙諸島的問題，印尼採取了預防性外交措施，在 1990-1999 年期間，印尼舉辦了 10 次的非正式工作坊。1994 年 7 月 1 日以印尼為發起國的東協成立了東協區域論壇（the ASEAN Regional Forum, ARF）的一軌對話機制，它是南海問題二軌對話了一段時間後的產物。2002 年 11 月 4 日，中國與東協十國簽署《南海各方行為宣言》（Declaration on the Conduct of Parties in the South China Sea）。簽署各方隨後表示願意進一步擬定《南海行為準則》，但因出於自身利益考量，遲遲未能簽署。[9]

進入 21 世紀，尤其是 2002 年中國加入世界貿易組織以來，中國綜合國力快速上升，外擴的需求日急，南海的重要性與日俱增。2012 年 3 月南海已被中國界定為新的「核心利益」。東協國家中，以菲律賓與越南的反應最為直接與敏感。繼日本將釣魚台國有化，菲律賓總統阿基諾三世（Benigno Aquino III）於 2012 年 9 月 5 日，簽署行政命令，正式把南中國海命名為「西菲律賓海」，把包括黃岩島在內的海域劃入該國版圖，並準備把新地圖呈遞給聯合國。10 月 12-13 日東協國防部長擴大會議期間，當各方對於中國在軍事上日益強硬的態度感到憂慮時，中國國防部長梁光烈卻辯稱，「中國

8　PRIO Network, "Maritime Conflict in Asia," *Center for the Study of Civil War*, <http://www.prio.no/Maritime-Conflict-in-Asia/> (2013/11/4).

9　楊宜敏、胡健森，〈南方澳「現撈仔」 業者：8 成來自釣島海域〉，《自由電子報》，2012 年 9 月 26 日，<http://www.libertytimes.com.tw/2012/new/sep/26/today-north11.htm>（2013/11/4）。

發展國防力量不是為了挑戰誰、威脅誰，而是為了維護自身安全、促進世界和地區和平穩定。」梁光烈的意思是，中方日益膨脹的軍事力量只為自衛，沒有擴張的涵義。[10]10 月 19 日，中國外交部副部長傅瑩前往菲律賓，出席中菲第十八次外交磋商會。這是中菲兩國當年 4 月因南海黃岩島主權問題爆發爭端後，中國最高層官員訪菲。菲國總統阿基諾三世說，中菲關係比起最壞的狀況，已有好轉。

然而，沒多久磨擦又起。11 月 28 日，菲律賓、越南與印度抗議中國五月份啟用新版護照，其加印的中國地圖上將南海、藏南劃入主權範圍。菲律賓外交部在其網站上發表聲明說，菲律賓海關拒絕在中國新版護照上蓋簽證而將在分開的簽證申請表格上蓋章。接著，11 月 29 日菲律賓外交部長德爾羅薩里奧（Albert del Rosario）對中國表達強烈不滿，他表示菲律賓已於 6 月 4 日從黃岩島撤走菲方船隻，但中國三艘公務船卻始終在該海域逗留。他要求中國尊重菲律賓領土主權，從黃岩島撤走中國船隻。中國外交部發言人洪磊卻回應說，中國對南海諸島擁有無可爭辯的主權；黃岩島是中國的固有領土，不存在主權爭議。中方希望菲律賓方面多做有利於維護南海地區和平穩定的事情，停止使南海問題複雜化的言行。雙方各說各話。

越南和中國的矛盾也未停止。2012 年 6 月 21 日越南國會通過《越南海洋法》，把有主權爭議的西沙群島和南沙群島列入主權範圍，中國外交部對此提出強烈抗議和堅決反對。12 月 4 日中國與

---

10 陳家齊〈東協防長會談 憂中國坐大〉《蘋果日報》2010 年 10 月 13 日<http://tw.nextmedia.com/applenews/article/art_id/32881063/IssueID/20101013>（2013/11/4）。

越南於南海的主權爭端再起風波，越南指責中國將中越爭議海域劃入海南三沙市，同時中國一艘漁船切斷了越南與印度合資公司的油氣探測船的電纜，侵犯了越南主權，違法了兩國間的協定。越南指責中國割斷其在南海作業的油氣探測船電纜已不是第一次；2011年6月越南就曾發出類似指責，但6月9日中國外交部例行記者會上，發言人洪磊對此回應稱，越方的說法完全不符合事實。

2011-2013年中越確實有段不愉快的摩擦。而中國也採取了強硬的措施。但畢竟，對於想出海的中國，由南海到印度洋，這個過程，與越南談妥條件是關鍵的一步棋。菲律賓受美國影響較深，越南高度自主。李克強於2013年10月9日在汶萊表示，中國和東盟將發展好海洋合作夥伴關係，共同建設21世紀「海上絲綢之路」，中國並設立了一個擁有30億元人民幣的「中國－東盟」海上合作基金。第一批落實的17個專案也已正式確定。中越同意成立海上、陸上、金融三個聯合工作組，尤其是海上共同開發磋商工作組，加快北部灣口外海域工作，取得實質進展。[11]很明顯，習李體制已由越南作為切入點，開始啟動拆解美國在南海的反中聯盟戰線。

---

[11] 〈李克強訪越南　釋「南海新政」〉《東方日報》，2013年10月13日<http://www.orientaldaily.com.my/index.php?option=com_k2&view=item&id=79150>（2013/11/4）孟玄，〈《風向》越南是中國突破南海關鍵〉《世界新聞網》，2013年10月20日<http://www.worldjournal.com/view/full_weekly/23879962/article--%E9%A2%A8%E5%90%91-%E8%B6%8A%E5%8D%97%E6%98%AF%E4%B8%AD%E5%9C%8B%E7%AA%81%E7%A0%B4%E5%8D%97%E6%B5%B7%E9%97%9C%E9%8D%B5?instance=ddd2>（2013/11/4）。

三、印度洋的潛在緊張

　　中國與菲律賓與越南之間的矛盾之處裡，已不再遵循過去以來擱置爭議的默契。中國往南海擴張，而菲律賓與越南急於制止，在在皆突顯出南海戰略的重要性。而實際上如果再將近年來中國在印度洋方面的布局對照來看，我們將可發現，南海不過是其大戰略的一個環節。近幾年來，中國充分認知到南海到印度洋這一帶水域的戰略與安全意義。從南海往西連接安達曼海與印度洋，必須經過麻六甲海峽，而麻六甲海峽為海運交通要隘，全球四分之三的能源通過此水域，其重要性不言而喻。然而麻六甲海峽非中國軍力所及，中國的能源安全遭受嚴重考驗，為此，中國乃在斯里蘭卡的漢班托特（Hambantota）、孟加拉的吉大港（Chittagong）、巴基斯坦的瓜達爾（Gwadar）以及葉門的木卡拉（Mukkala）等港口進行商業投資，其意在解能源安全之不安與焦慮，並透過與環印度洋國家發展密切的經濟關係，在圍繞印度外緣，編織成一張「軟實力網絡」，這樣一來，印度要想對中國在印度洋地區的利益發動軍事行動，就不得不考慮其必須付出的政治代價。將南海和印度洋搭起來看，我們將發現，中國在南海的擴張絕非即興之作，而是一整套基於安全需求的戰略規劃與實踐。

　　戰略需有軍事實力為後盾。2012 年 11 月 24 日，中國航空母艦「遼寧艦」順利進行了「殲-15」戰鬥機的起降飛行訓練。中國認為相應於它的經濟實力，應有相當的海軍實力保障之。上述一系列的發展，自然是令東協與中國關係變得更加緊張與敏感，尤其是

越南與菲律賓，都紛紛提高警覺，並援引國際強權介入，以資對抗。[12]隨著經濟的快速發展，東亞，或更精確地說，西太平洋顯然即將成為世界海軍活動的新中心。在此氛圍下，美國重返亞洲的決心乃更為強烈。

越南則努力引進俄羅斯與印度。2013 年 7 月，越南國家主席張晉創訪俄期間，曾邀請俄羅斯合作開發南海的油氣田。有分析指出，越南有意借俄羅斯之力在南海問題上對抗中國。不過，俄國官方一直堅持不介入南海領土爭端的立場。俄石油公司稱，同越南在南海的採油合作均在大陸架，不涉及爭議區域。[13]而俄國雖然如此說，但俄羅斯因素的存在，本身即具有顯著的意義。更何況，在實際的作為上，俄羅斯在 2009 年與越南簽署了出售 6 艘基洛級潛艇的合同，幫助設計建造潛艇基地和相關設施。2011 年，俄又向越南出售 2 艘 2,100 噸級「獵豹」輕型護衛艦。俄羅斯向越南出售的武器中還包括：「寶石」超音速反艦導彈、「天王星」反艦導彈、「針」式導彈、76 毫米口徑艦炮和 30 毫米口徑艦載近防炮等。俄羅斯《獨立軍事評論》報導稱，由於俄羅斯對越南的軍售支持，使越南海軍現役艦隊的實力已經增強，而且越南開始組建「南沙艦隊」，要與中共海軍爭奪對南沙的實際控制權，捍衛在南海的既得利益。[14]

---

[12] 編譯中心，〈中國南海核心利益 鄰國憂慮〉，2010 年 7 月 12 日（http://www.worldjournal.com/view/full_news/8741816/article-%E4%B8%AD%E5%9C%8B%E5%8D%97%E6%B5%B7%E6%A0%B8%E5%BF%83%E5%88%A9%E7%9B%8A-%E9%84%B0%E5%9C%8B%E6%86%82%E6%85%AE?instance=china_bull ）（2013/11/4）。

[13] 中評社，〈俄總理旋風式訪問越南 欲在南海合作採油〉《中國評論新聞網》2012 年 11 月 9 日<http://www.chinareviewnews.com）（2013/2/16）。

[14] 李曉宇，〈南爭北延 俄艇炮擊中國漁船〉《香港大紀元》2012 年 7 月 9 日<http://hk.epochtimes.com/b5/12/7/19/161520.htm）（2013/11/4）。

　　與此同時，越南也積極拉攏印度。印度海軍參謀長尤希上將（D. K. Joshi）2012 年 12 月 3 日在記者會上表示，印度在越南附近南海海域實施的資源開發屬於維護國家利益的行為。他首次坦承，必要時會進行派遣準備。[15]由此可見，中國企圖心強烈的莽撞作為有可能成為印度的機會；印度會因此而在東南亞受到歡迎，正如過去幾年美國所享有的一般。

　　不過，不管如何，兩手策略本是外交之常態。即便越南和中國的衝突一時難解，彼此在南海的主權宣示處於零和狀態，但他們也不想與中國正面衝突，畢竟雙方涉及經貿往來所產生巨大的商業利益。而涉入其間的周邊強權，也有自己與中國的經貿利益的考量；而中印間經貿交流與合作所產生的互利之處也很多。2010 年 10 月 29 日中國總理溫家寶在河內跟印度總理辛格會晤便強調，世界有足夠空間供中印同時發展，有足夠領域讓兩國合作共榮，只要雙方維護中印友好、增進政治互信，不斷深化兩國戰略合作夥伴關係；至於俄羅斯與中國的經貿利益以及戰略利益，也遠比俄羅斯與美國之間，來得多且深厚；而即便是美中關係，美國與中國二者之間過去以來所建立的良好工作關係與對話機制，也令他們彼此不想由激烈的競爭關係走到公開的敵對。

---

[15] 顏建發，〈南海的國際競逐與台灣的選擇〉《台北論壇》2013 年 1 月 15 日<http://140.119.184.164/taipeiforum/print/P_31.php〉（2013/11/4）。

四、美國的角色與立場

美國的態度與作為扮演最關鍵的角色。當前的亞太地區，經濟與安全已非平行線，而是有對撞的現象。亞太經濟的崛起，連帶使得美國過去獨霸的角色在褪色之中。尤其1997-1998年亞洲金融風暴，美國無力搶救，亞洲逐漸走向自力救濟之途，再加上「東協加」（ASEAN Plus）逐漸成立後，美國的經濟角色也跟著有邊緣化之虞。但東海和南海議題所捲起的民族主義情緒，使得安全議題重新受到重視，於是拉回美國因素乃眾望之所歸。實則，經濟整合並未提供亞太一個集體或合作的安全基礎。美國重返亞洲不僅是美國其自身的主觀意願，在客觀上，也是亞洲民主國家們對於美國介入此區域的期待。[16]

2012年10月20日美軍證實「喬治‧華盛頓」號核動力航母正在南海巡航，一般認為，它的存在旨在向中國傳遞信息，表明美國將長期出現於這個海域。美國國務院負責東亞事務的助理國務卿坎貝爾（Kurt Campell）呼籲各方，主張在所有環境下都應避免武力挑釁。對於中國新版護照將南海及台灣風景名勝納入其內頁版

---

[16] Evana Feigenbaum, Robert A. Manning, "A Tale of Two Asias," National Security, October 31, 2012, http://www.foreignpolicy.com/articles/2012/10/30/a_tale_of_two_asias?page (2013/11/4)

圖，引起越南、菲律賓、印度等國公開抗議一事，坎貝爾已正式要求中國對此重新考慮。但中方尚未給予滿意答案。[17]

根據菲律賓前外長羅慕洛（Roberto Romulo）指出，在此戲局中，菲律賓不過是馬前卒。中國正在伸展拳腳，企圖藉此獲取潛藏於南海海底豐富的石油與天然氣。他更認為，中國正在吞食美國在東南亞的午餐，並測試美國的態度。[18]中國解放軍空軍司令員也就是時任副總參謀長的馬曉天在一次接受香港鳳凰電台時表示，「南中國海議題不關美國事。那是中國與其鄰國之間的事。」馬曉天的說法顯然是對美國的挑釁，因為南海一直是美國很重要的水道，中國的高級將領不可能沒有此常識，而毋寧是有意的，意在測試美國的底線。[19]

美國「戰略暨國際研究中心」（CSIS）的葛來儀（Bonnie Glaser）說，在東協因為經濟依賴中國，一般不喜與中國對抗；東協內部無助地分裂。東協一些國家相信，中國不會同時打兩場仗。但，中國海南省通過管理條例藉以彰顯主權的事實，卻顯示中國不願妥協，因此原有的臆測是錯誤的。[20]不過，對於中國的南向拓展，美國表面上卻顯現得相當低調。美國主張航行自由，而尋求外交解決，避

---

[17] William Lowther, "US'Campbell asks China to rethink new passports," http://www.taipeitimes.com/News/taiwan/archives/2012/12/01/2003549065 (2013/11/4)

[18] Jane Perlez, "Beijing Exhibiting New Assertiveness in South China Sea," May 31, 2012, http://www.nytimes.com/2012/06/01/world/asia/beijing-projects-power-in-strategic-south-china-sea.html?pagewanted=all (2013/11/4)

[19] 同上。

[20] Jane Perlez, "Alarm as China Issues Rules for Disputed Area," December 02, 2012 http://chinhdangvu.blogspot.tw/2012/12/alarm-as-china-issues-rules-for.html (2013/11/4)

免挑釁行為，維持和平穩定是美國對待東亞局勢的總體原則。美國也一再表示，對於南海地區的糾紛，美國不會在主權爭議上有所偏袒，但如有必要，美國不排除使用戰爭裝備來解決糾紛。顯然，眼前美國不希望升高緊張，所以所謂不再涉入，其目的是希望不要刺激中國。美國仍期待透過對話來化解分歧與誤會。

中國的南向擴張看來是一種國家結構發展的結果，不必然是衝著菲律賓與越南而來。中國顯然還學不來美國的善霸哲學，而使其擴張得以和周邊鄰國共享其利。相反地，中國政府趾高氣昂的惡霸作風，使得周邊鄰國皆以負面觀感視之。尤有甚者，中國對於群眾民族主義施加在反日遊行的打砸搶，並未作出適切反省，更將加深周邊國家的惡感與恐懼，而此刻版印象又將影響到他們對於中國一舉一動的負面預期。於是，經濟上需要中國，安全上卻恐懼中國，似已成為周邊國家的共同反應模式。習李上台後，積極在國際場合笑臉亮相，似乎意在扭轉這種觀感。此軟硬並存的現象，使得周邊國家與中國的關係註定要不斷出現反覆。而美國欲維持世界霸主的角色，要在經濟與安全上進行機動地調整，其當前所施展的再平衡對策，自然不脫離一種調適（adaptive）與演進（evolving）的特質。其它周邊大國的捲入也脫離不了這種規律。

至於東協十國是否會逐漸走向「親中」和「親美」的兩極分化。[21]此一說法還待經驗檢證，但面對中國，東協確實產生缺乏一致的窘境。在2012年11月18日東協與日本召開的「10＋1」峰會會議最後階段，當東埔寨首相洪森開始總結陳詞時，菲律賓總統阿

---

21 黃蔚，〈東盟東亞峰會三大看點 領土爭端居首〉《中國評論新聞網》2012年11月17日，<http://www.chinareviewnews.com>（2013/2/16）。

基諾三世突然舉手插話，否認東盟內部曾達成所謂共識：即要一致
與中國盡快展開關於《南海行為準則》的談判，排除域外國家的干
擾。域外國家指的是美國。與中國存在領土主權紛爭的東協國家
中，菲律賓和越南態度強硬，希望美國因素介入，馬來西亞和汶萊
的缺席則表明其與上述兩國的步調並不一致。東協內部利益的異質
性，使其對中政策很難一致。然而即便如此，整體而言，在安全上
東協仍有較多聲音向美國傾斜。

中國尋求突穿的脆弱環節
與民進黨的邊緣化：2000-2008

　　回顧中國自 2000 年以來，其在國際經濟，尤其是亞太經濟影響力的擴張十分可觀，但自 2009 年中以來，卻相繼地與周邊大國的政治關係，搞得相當對立與緊張。而對照此亞太政經秩序來看，中國在兩岸關係上的斬獲可以說是空前的，但似乎也呈現經濟大好，但政治卻瀕臨深水區的困境。不過，大體上，中國在對台政策上所獲得在海峽的主導性影響力，仍是較具體而明確的。可以說，以影響力作為評價的基準來看，自 2000 年來，中國的對台政策的成果是豐收的。簡約地說，其最大的成果是成功地運用了經濟籌碼以及台灣內部藍綠鬥爭，有效地建構了「紅藍聯手制綠」的格局。[1]如今，中國對台灣不僅在經濟上產生影響力，在政治上也構成相當大的壓力。2012 年總統大選民進黨最終的敗北飲恨，一般親藍媒體皆認為中國因素扮演相當關鍵的角色。民進黨雖沒有公開承認，但恢復中國事務部以及成立中國事務委員會，同時又大動作地舉辦

---

[1]　參考：余莓莓，《破冰與決堤：國共擴大接觸對兩岸關係的衝擊》（臺北縣蘆洲市：晶典文化，2009）。

研討會討論對中政策，顯示民進黨對此因素的重視。預料未來的選舉角逐中，尤其是總統大選，兩大政黨的選舉政見中，中國的因素應會加重，不會減輕。民進黨因為成為北京統一兩岸過程主要的障礙因素，相信在未來台灣的重要選舉過程中，北京對民進黨的軟硬施壓不會更改，而其透過恩威並施計謀逼迫台商遠離民進黨的作為，也會持續下去。由於對北京而言，統一是大業，兩岸經濟交流只是小利，延續著其對 2000-2008 年民進黨政府的邊陲化做法，未來，北京將會無所不用其極孤立或邊陲化民進黨，使之無法獲得中央執政，或即使執政，也必須將北京的核心利益納入施政考量。

一、江澤民「由緊趨鬆」的對台政策

在台灣問題上，中國傳統的一貫立場是：「中華人民共和國政府是中國唯一的合法政府。中國政府堅決反對任何走向『一中一台』、『一國兩府』、『兩個中國』、以及『台灣獨立』或『台灣地位未定論』等等活動。」不過，儘管如此，在對台統戰中，中國政府一直有原則堅持但策略靈活的做法。1995 年 1 月 30 日，中國國家主席江澤民發表了《為促進祖國統一大業的完成而繼續奮鬥》的重要講話，也就是一般所稱的「江八點」。該主張強調：「消除兩岸關係中存在的障礙，維護台海和平，推進兩岸人員往來和經濟、文化等領域的交流，爭取實現兩岸直接三通，促進兩岸關係穩定發展，並繼續堅持『和平統一、一國兩制』的基本方針，發展兩岸關係、推進祖國和平統一進程。」這是中國第三代領導班子最完整的對台政策論述。江澤民時代中國對兩岸關係的指導思想繼承了鄧小平的

「和平統一，一國兩制」。一直到了 2000 年 3 月 18 日，民進黨在泛藍陣營分裂的狀況下，以些微票數獲得政權，震驚了中南海，從此兩岸關係進入另一種不同於國共時代的形式與品質。同年 5 月 20 日民進黨執政後，北京面對不曾有過的新局面，採取了「聽其言，觀其行」的消極不信任的作為。直到 2001 年 12 月 5 日台灣立委選舉結果揭曉，民進黨成為國會最大黨，北京的不信任感依舊，但在面對台灣新政府的新現實，也被迫對民進黨採較積極的對應政策，從而開展了區隔本土化與台獨、區隔民進黨黨員與台獨份子，以及對台灣打經濟牌的靈活策略。

　　2002 年 1 月 24 日中國副總理錢其琛在紀念「江八點」七週年的會上表示，要對那些不高喊台獨的民進黨人士網開一面，歡迎他們前往中國大陸參觀訪問，以及商討兩岸經貿合作機制。錢其琛主張，「台灣當局領導人順應歷史潮流，接受一個中國原則，承認『九二共識』，這樣兩岸就可以平等協商對話。」同時，『當前要把兩岸『三通』看作為一個國家內部的事務，即可用民間對民間、行業對行業、公司對公司協商的辦法，儘快通起來。[2]』錢其琛的說法被視為是一種突破僵局之舉。然而實則北京並未鬆動對「一國兩制」的堅定立場。不過這種務實的靈活政策不久便獲得了台北善意的回應。同年 5 月 9 日，陳水扁總統在金門前線的大膽島提出三項主張：「（1）兩岸關係正常化是台海永久和平基礎，兩岸關係的正常化必須是從經貿關係正常化開始做起，兩岸政治統合的第一步必須從經貿及文化的統合開始著手，這個政策目標不會退縮也不會改變；（2）

2　〈北京紀念「江八點」七周年　錢其琛發表講話（全文）〉《中國新聞網》2002 年 1 月 24 日<http://news.sohu.com/65/68/news147746865.shtml>（2013/11/4）。

兩岸必須重啟協商的大門，方能減少誤會及誤判，復談的第一步就是先行互訪，同年 8 月 1 日以後，將推動民進黨中國事務部主任率團訪問中國大陸，以促進彼此了解與政黨和解；（3）兩岸三通是必走的一條路。過去『戒急用忍』的政策已面臨全面為『積極開放，有效管理』的政策所取代。」[3]

另一個原本極為棘手的台港航線續約的問題也出現了曙光。同年的 6 月 29 日經過七次談判的台港新航約終於簽定。此次台港航權談判，是民進黨上台後首次授權、委託相關機構和民間團體所進行的談判。台港航線延約簽署成功，為兩岸帶來務實交流空間開啟的聯想。一般以為兩岸可以從此敞開協商大門。然而，陳水扁總統就任民進黨黨主席當天，也就是 2002 年 7 月 21 日，中國方面卻匆促撒下重金與諾魯建交，使得台灣有限的邦交國再喪失一個，頗讓剛接任黨主席的陳水扁與民進黨的黨代表們臉上無光。民進黨對中國原本已薄弱的信任感，因為此一事件再度遭受嚴重的斲傷。這同時也意味著陳水扁總統的柔軟政策受到嚴重的挫敗。於是當天陳水扁在演講中脫稿演出所講的「走自己的路」的這句話，外界固有多種不同的解讀，但陳水扁不敢再幻想寄望中方給予善意，恐怕也是他這句話背後真正醞隱的情境意義之一。其後陳總統於 8 月 3 日在對東京世台會的錄影演講中再拋出「一邊一國」也應是對中國的不信任的後續反應。

陳總統提出「一邊一國」的說法後，北京政府極度的不悅，不僅發出一連串的語言恐嚇，也變本加厲地四處打壓台灣的國際生存

3　顏建發，〈民進黨執政以來中國對台政策的鬆緊變化〉《PDF.IO》2010 年 10 月 9 日（http://www.pdfio.com/k-3596604.html）（2013/11/4）。

空間。然而，三個多月後，也就是隨著美中關係的逐步改善，北京收起強硬攻勢，再度對台灣釋出懷柔策略。2002 年在美國成功進駐阿富汗，並積極籌畫攻打伊拉克之際，中國成為美國爭取合作的對象。中國眼見美國的軍事優勢，以及中國入世與爭取到 2008 年奧運的好勢頭，也走回鄧小平「韜光養晦，不搞對抗」的思維，積極進行全方位的佈局。美中關係在「建設性合作關係」的框架下有了相對穩定的發展，維持美中關係的穩定成為中共外交政策的第一要務。

　　2002 年在中共召開十六大的前夕，中國方面再度放寬經貿交流措施。同年 10 月 18 日各大媒體指出，錢其琛主張，兩岸三通，大陸方面可以不提「特殊國內航線」，而定位成「兩岸航線」[4]。也就是在推動兩岸三通的技術性、業務性商談中，可以不涉及一個中國的政治涵義。錢其琛提出把中國和台灣直接通航當作兩岸之間的問題，而不是國內事務或者國際事務來看待。錢其琛主張對於美中關係要「鬥智鬥勇不鬥氣，不圖一時之痛快，不爭一日之長短」，唐家璇也強調在改善關係對美時「多做忍讓」。有異於過去，中國在兩岸關係、武器擴散、人權等與美方有所爭議的問題時皆低調因應。對台政策方面，在布希與江澤民在德州農場會晤，中國再次確認美國「不支持」台獨立場後，對台灣的態度定調為「政治冷處理、經濟熱處理」。江澤民在德州理工大學的演說中，重申「江八點」，

4　楊孟瑜，〈台灣高度重視大陸三通表示〉《BBC 中文網》2002 年 10 月 17 日<http://news.bbc.co.uk/hi/chinese/news/newsid_2335000/23358291.stm>（ 2013/11/4）。

鼓吹三通，並首度把「和平統一」與「對美有利」結合在一起。[5]開
啟經貿交流藉以解決兩岸僵局成為當前中共對台統戰的主要策略。

　　2002 年 11 月 18 日，江澤民在中共十六大政治報告中提出「一
個中國」的新三句，也就是「世界上只有一個中國，大陸和台灣同
屬於一個中國，中國的主權和領土完整不容分割」，並主張「在『一
個中國』的前提下，什麼問題都可以談，可以談正式結束兩岸敵對
狀態問題，可以談台灣地區在國際上與其身份相適應的經濟、文化
及社會活動空間問題，也可以談台灣當局的政治地位等問題。」。
這可視為第三代領導人江澤民權力過渡到第四代領導人胡錦濤，在
對台政策的一個承先啟後的立場。不管如何，相對於 2000 年總統
大選後，北京對民進黨的冷處理而言，此時北京的對台政策可以說
是由緊趨鬆。

二、江澤民「由鬆趨緊」的對台政策

　　2002 年中國大肆開啟大國外交的戰略，在政經外交方面，包
括穩定與美、俄的關係、緩和與日關係、加強與歐洲各國關係，並
首度與北約接觸；除此之外，對周邊，中國採取賡續睦鄰友好政策，
化解周邊國家對中國威脅論的疑慮，並持續強化「上海合作組織」、
「中國－東協自由貿易區」，增加區域影響力，同時繼續經援拉美、
非洲國家，穩固其在第三世界國家的領導地位。在軍事外交方面，
中國海軍艦艇編隊訪問世界各國，提升中國強權形象。在全方位外

5　顏建發，〈民進黨執政以來中國對台政策的鬆緊變化〉。

交進擊的一年中具體的成果包括：（1）2002 年 1 月，中國總理朱鎔基出訪印度、孟加拉，並與兩國簽署多項交流及合作協議。（2）同年 2 月江澤民訪問越南，提供越南 5,000 萬人民幣貸款。（3）同年 3 月印尼總統梅加瓦蒂訪問大陸，獲中國提供 4 億美元貸款。（4）同年 4 月江澤民訪問德國、利比亞、奈及利亞、突尼西亞、伊朗；朱鎔基訪問土耳其、埃及、肯亞；李鵬訪問日本；胡錦濤訪問馬來西亞、新加坡、美國；同年 9 月李鵬又訪問泰國、印尼、菲律賓，強調中國的發展不會對周邊國家構成威脅。（5）朱鎔基於 11 月訪問柬埔寨，提供該國無償援助及無息貸款各 5,000 萬元人民幣。此外，朱鎔基在東協加 3 會議中宣布實施「亞洲減債計畫」，減免越南、寮國、柬埔寨、緬甸等 6 國到期的部分或全部債務。[6]

總的來看，2002 年可說是中國第三代領導班在交棒前為第四代開展與奠定外交政策的關鍵年。2002 年的大國外交藍圖，其任務除改善與已開發國家的關係外，也不放棄拉攏第三世界國家，同時亦致力加強與周邊國家的關係，以建設和平的外部環境，把握 20 年的戰略機遇期。回顧這一年若非北京在陳水扁就職民進黨黨主席當天挖走台灣的邦交國諾魯，那年兩岸關係應是呈現良性的發展走勢的。這可以由兩岸在經過台灣方面「一邊一國」的倡議後，竟也能在三個月後又回復正面走勢，而看出兩岸交流的結構性動力的強勁。2003 年 2 月 24 日北韓試射飛彈，此時正值美國攻打伊拉克的備戰之際，美國不想同時打兩場戰爭，而亟需中國的合作。美中合作的高度與密度再度上升。可以說中國全面開展大國外交的同

6　鄭偉靜，〈近期中共高層外交活動頻繁〉《陸委會大陸工作簡報》2002 年 5 月，頁 4-6。

時，美中關係也因伊拉克戰爭的開打而進一步積極發展。伊拉克戰爭開打期間美國對中國的合作的需求日趨強烈。正因為如此，2003年5月26日至6月5日胡錦濤接掌政權後，訪問俄羅斯、法國、哈薩克、蒙古，出席上海合作組織成員國元首第三次會晤及南北領導人非正式對話會議，並與美、俄、法、日、印等領導人會晤。此係胡錦濤擔任國家主席後首次出訪，而在布希與胡錦濤會談中，首次把「不支持台灣獨立」與美、中三公報並列為「一個中國」政策的基礎，且「必要時才協助台灣自衛」的說法與就任之初所說「盡其所能協助台灣自衛」亦有所差異。[7]台美關係明顯弱化。台灣的角色與位階，相對降低。

2003年3月19日伊拉克戰爭開打，標誌著台美關係走下而美中關係走上的分水嶺。美中關係的強化的另一面則是兩岸關係又趨於走下的開始。大約在此時，也就是三月底，香港爆發了感染源來自中國的 SARS（嚴重性呼吸道症候群）案例，台港交流受阻，兩岸人員往返也自然受到嚴重的阻隔。尤有甚者，此時台灣已開始邁入 2004 年總統大選的準備期，兩岸關係也不免因捲入選舉議題而變得敏感與脆弱，而 2003 年 4 月 2 日爆發了感染源來自中國的嚴重急性呼吸道症候群（SARS），讓台灣民間社會對中國產生了不良的感覺。

接著，2003年5月19日，台灣藉 SARS 向世界衛生組織（WHA）的觀察員叩關失敗，中國官員制止台灣參與的粗暴態度，引來台灣內部的反彈。兩岸關係進一步惡化。2003年5月行政院發言人林

7　鄭偉靜，〈胡錦濤歐亞行研析〉《陸委會大陸工作簡報》2003 年 7 月，頁 11-15。

佳龍公開表示，不排除在 2004 年 3 月總統大選投票日，同步舉辦有關台灣加入世界衛生組織和是否續建第四座核能電廠的公民投票。6 月 21 日媒體報導，美國在台協會駐台北辦事處處長包道格（Douglas Paal）曾向總統陳水扁表達美方反對台灣舉辦公民投票的立場[8]。包道格表示，為顧及兩岸的穩定發展，美方因此不希望台灣舉行公投。

　　2003 年 6 月，民進黨政府整合行政與立法部門公投法與創制法各項版本，決議防禦性公投入法，取代統獨公投。稍前美國國務院表示，美國認真看待陳總統不就統獨進行公投的承諾。同年 7 月 15 日，陳總統表示台灣沒有獨立的問題，台灣是主權獨立國家，因此公投並不是獨立公投，只有贊不贊成「被統一的公投」。同年 8 月 14 日，陳水扁總統證實中國確實曾透過美國對台灣有關公民投票的議題表示關切，然而美國雖關切台灣會不會進行涉及主權的公投，但美國並沒有表達過反對台灣進行任何形式和議題的公投。同年 9 月 28 日，陳總統在民進黨黨慶提出 2006 年「催生台灣新憲法」，強調新憲法版本需經公民投票決定，認為憲政改革不容窄化為統獨爭議，而政府層面也齊聲表示這並不影響「四不一沒有」的承諾，新憲法國號仍是中華民國。隨後，美國也發表聲明強調將嚴肅看待「四不一沒有」的保證，希望台灣不要有升高緊張的言行。台美的互信基礎遭受若干衝擊。

　　2003 年 12 月上旬，溫家寶進行了全方位的外交拓展。對美工作方面，溫家寶對於美方要求中共開放市場及人民幣升值的壓力予

8　顏建發，〈民進黨執政以來中國對台政策的鬆緊變化〉。

以軟性回應；布希也對台灣領導人說了重話。而溫家寶在結束訪美後繼續訪問加拿大，並不斷地透過國際媒體宣傳，對布希總統告誡台灣不要舉行防衛性公投表示感謝。

　　配合著台灣總統大選的律動，2003 年下半年到 2004 年 3 月中國全力防堵台灣推動公投與憲改並試圖影響台灣選舉。2004 年 1 月 7 日起，中國國台辦派遣兩個宣達團在海外進行反獨促統活動，一團是由國台辦副主任王在希率領，走訪澳大利亞、巴西、美國、法國；另一團是國台辦副主任王富卿率團赴菲律賓等國。2004 年 1 月 26 日中國國家主席胡錦濤訪問法國，在中國要求法國遵守「一個中國」的壓力下，法國總統席哈克在雙方發表聯合聲明時指出，法國政府反對台灣公投，甚至表示公投是一種侵略舉動，是不負責任而且危險。至此，中共利用布溫會晤打壓台灣的外交可說達到高潮。席哈克的措辭更有甚於布希，中國把他的講話視為法國送給胡錦濤的一項大禮[9]。

　　2004 年 3 月 19 日下午，民進黨正副總統候選人陳水扁和呂秀蓮在沿街拜票時遭不明來源槍擊，舉國震驚。隨即藍綠陣營皆宣布暫停造勢活動。但是，雙方皆主張選舉照常。隔天 3 月 20 日選舉揭曉，陳呂以 0.228% 些微差距贏得選舉，連宋不服，不承認選舉結果，台灣陷入空前政治緊張。3 月 21 日中國中央台辦、國台辦隨即發表聲明表示，台灣當局執意舉辦所謂「和平公投」，試圖挑釁兩岸關係、分裂國家，而公投結果無效，證明這一非法行徑不得人心，而任何把台灣從中國分割出去的企圖都是註定要失敗的。至

9　楊志恆，〈中共利用「布溫會晤」打壓台灣外交之研析〉《陸委會大陸工作簡報》2004 年 2 月，頁 5-7。

於對於尚無法獲得泛藍認可的大選結果，中國最初是很謹慎、低調、中性，僅表示會「密切關注」。

然而當 3 月 26 日中選會公告後，泛藍群眾包圍中選會，秩序大亂。在美日等國紛紛向台北發賀電後，隨之國台辦發表強烈措辭宣稱，如果台灣局勢失控，造成社會動盪，危及台灣同胞的生命財產安全，損害台海地區的穩定，將不會坐視不管。事實上，北京一直保持靜默，有一度外界對北京的評價不差，但這次的強烈宣示卻引來泛綠與泛藍的一致譴責，而各國賀電紛紛寄來以及陳水扁在 3 月 27 日晚的講話，更讓北京相當難堪。據報載，中國透過各國施壓，希望各國不要發賀電，但此舉顯然失敗了。尤其是，當中國批評美國「言而無信」時，便顯示北京對「藉台壓美」的政策將會有某種程度的檢討。北京對外智庫學者於 4 月 10 日就呼籲中國當局，依靠美國解決台灣問題是「沒有出路」的，唯有增強實力與國防現代化，才是防止台獨、解決台灣問題的根本保障。[10] 2004 年 4 月 10 日美國副總統錢尼（Dick Cheney）訪問中國前夕，中國國務院發言人張銘清在舊金山「2004 年中國和平統一世界高峰論壇」發表演講時發出警告說，任何人、任何勢力都不要低估中國政府和十三億中國人民不惜一切代價維護國家統一、維護國家主權和領土完整的決心和能力。」2004 年 4 月 21 日美國助理國務卿凱利（James Kelly）同時警告台灣與中國，不得片面改變現狀。[11]

在選後，5 月 20 日總統就職典禮的文告內容被視為反映一種國家大政方針的指標。為了及早影響 520 陳總統的演說內容，5 月

---

[10] 顏建發，〈民進黨執政以來中國對台政策的鬆緊變化〉
[11] 同上。

17 日中國國台辦發表了所謂的具有善意的七大項原則，也就是：
（1）恢復兩岸對話與談判，平等協商，正式結束敵對狀態，建立
軍事互信機制，共同建構兩岸關係和平穩定發展的框架。（2）以適
當方式保持兩岸密切聯繫，及時磋商解決兩岸關係中衍生的問題。
（3）實現全面、直接、雙向「三通」，以利兩岸同胞便捷地進行經
貿、交流、旅行、觀光等活動。（4）建立緊密的兩岸經濟合作安排，
互利互惠。台灣經濟在兩岸經濟交流與合作中，優化產業結構，提
升企業競爭力，同大陸一起應對經濟全球化和區域一體化的挑戰。
台灣農產品也可以在大陸獲得廣闊的銷售市場。（5）進一步密切兩
岸同胞各種交流，消弭隔閡，增進互信，累積共識。（6）在兩岸關
係的祥和氣氛中，台灣同胞追求兩岸和平、渴望社會穩定、謀求經
濟發展的願望將得以實現。（7）通過協商，妥善解決台灣地區在國
際上與其身份相適應的活動空間問題，共享中華民族的尊嚴。不
過，國台辦也同時警告，如果台灣當權者堅持「台獨」分裂立場，
堅持「一邊一國」的分裂主張，非但上述前景不能實現，而且將葬
送兩岸的和平穩定、互利雙贏。5 月 20 日陳總統在第二任就職演
說中承諾，憲政改革不會觸及主權、領土、國家名稱，美國對此表
示讚賞。然而，中國國台辦隨即在 5 月 24 日發表對演講內容的負
面評價，並開始打壓支持台獨的台商。

2004 年 7 月 8 日美國國家安全顧問萊斯（Condoleezza Rice）
訪中。江澤民還向萊斯強調了中國主權和領土完整的重要性，以及
中國人的民族意志。[12]7 月 16 日新加坡副總理李顯龍來台訪問。北

---

12 同上。

京以罕見的嚴厲口吻批評李顯龍，讓兩岸的緊張氣氛增添一份詭異。接著，進入 7 月中旬，台海周邊跟著出現不平靜。台灣「漢光二十號」演習、中國解放軍在福建東山島「攻佔台灣」為想定的軍演、美國「小鷹號」航空母艦戰鬥群和日、韓、澳等國共同進行的「2004 環太平洋演習」（夏日脈動）將台海周邊的氣氛搞得異常緊張。

　　2004 年 9 月 19 日中國共產黨第十六屆中央委員會第四次全體會議同意江澤民辭去中共中央軍事委員會主席職務的決定，從此，胡錦濤接班底定。胡錦濤集黨政軍三權於一身。多數認為胡錦濤接任後，對台政策的框架不會有太大的改變。不過，江澤民掌軍權的期間，胡錦濤還沒有掌握軍權前，比較考慮軍方感受，因此中國鷹派的聲音抬頭，持續走對台灣軍事恐嚇的路線。10 月 10 日中華民國國慶，陳水扁雖然未回到「一個中國」的原則上，但提及以「九二香港會談的基礎」推動協商，以及回應中方「五一七聲明」中有關較低階政治的部分卻是有交集的，包括推動兩岸經貿、兩岸三通等等。[13]陳水扁的話意可能是期待擱置有關「一個中國」或「一邊一國」的爭議，而在「非政治議題」上來逐步推動兩岸交流，也就是採政經分離的作法。在政治立場方面，陳水扁主張，未來中華民國與中華人民共和國或者台灣與中國之間，將發展任何形式的政治關係，只要 2,300 萬台灣人民同意，我們都不排除。陳水扁也說，五二〇就職演說所宣示的內容在其任期之內不會有所改變，這

13　同上。

又為未來的修憲進行了消毒。美方隨後表示歡迎陳水扁演講中善意的訊息。

2004 年 10 月 28 日美國國務卿的鮑爾（Colin L. Powell）在北京會晤中國國家主席胡錦濤後，對美國媒體表示，台灣並不享有國家主權，而兩岸最終將會走向和平統一。不過，鮑爾回到華府後隨即親口做出澄清，強調他指的是和平解決而非和平統一，東亞副助卿薛瑞福（Randy Schriver）也向台灣方面重申 1982 年的六項保證，強調美國對台灣主權的立場沒有改變。不過，美國此舉讓很多人對於美國是否會堅定對現狀的維護，起了一定的懷疑。

2004 年 12 月 5 日，在立委選舉前夕，為拉抬選情，陳水扁在記者會上宣布在國號不變的情況下，將以兩年的時間，對外，將外館正名為台灣代表處；對內，把名稱容易與中國造成混淆的相關單位逐一正名。美方對此表示不支持，而陳水扁總統則強硬反擊。至此，兩岸關係進一步惡化而台美關係也跌入谷底。

三、胡錦濤「硬的更硬，軟的更軟」的對台政策

在 2004 年立法委員選舉前，一般對於泛藍的表現並沒有看好，多半認為泛藍席次會大為縮減。然而，12 月 11 日立法委員選舉的結果卻出乎綠軍意料之外。雖然泛綠由 100（民進黨 87＋台聯 13）席增到 101（民進黨 89＋台聯 12）席，而泛藍由 115（國民黨 68＋親民黨 46＋新黨 1）降到 114（國民黨 79＋親民黨 34＋新黨 1）席，但泛藍仍佔有過半的席次，這使得綠色執政終不免面對立法院「朝小野大」的格局的限制。在這個意義上，陳水扁將此視為是一

個挫敗，並表達重新思考有關民進黨執政的路線與策略的問題，但這並不稍改中國高層對陳水扁極度不信任的事實。

在胡錦濤的硬軟兩手下，其操作政策的手法是：在硬手策略上「少說多做」、「實實在在做」、「深入細緻地落實」、「對陳水扁不採絕對否定，但明確批判其台獨立場」。胡錦濤強調「依法治國」，對台獨行動的打擊面也將更明確、更針對性、更具穩定性、以及可操作性。胡錦濤又常特別提及「寄希望於台灣人民」，顯示其有意避開台灣執政當局而欲直接與台灣人民接觸。

1. 首次雙向包機直航的啟動

儘管立法院選舉的結果是北京政府所樂見的，但北京卻未高估泛藍陣營的勝利，因此對於泛綠的對待未見鬆軟，相反地，反而有趁虛而入之勢。2004 年 12 月 18 日在胡錦濤訪問澳門的前夕，中方媒體透露北京即將於 12 月 25-29 日提交全國人大常委會審議一份針對台灣而制訂的反分裂法的草案。[14]和稍早之前一般盛傳的統一法相較，此法的提出有趨於軟調的樣態。

2005 年 1 月 1 日胡錦濤公開宣示，將盡所有可能的努力來達成和平統一的願景，但卻不允許台灣以任何手段自中國分裂出去。以戰略術語來形容，胡錦濤將基調訂定在「軟的更軟，硬的更硬」。在此戰略氣氛之下，春節雙向不中轉的包機直航成為兩岸第一次的雙向直航並深化了兩岸的交流。特別是，中國固然刻意降低政治含

---

14 同上。

意，卻也不是完全的民間性質，而是朝向行政（administrative）的考量，畢竟，飛航最起碼不能避免要涉及飛行監管、人員及飛機的證照認證等等，而這些皆屬於行政權的範圍，沒有相關單位的涉入是不可能開啟的。

就戰術而言，中國一直將包機視為台灣對中國的單方面需求。中國刻意喬裝對台灣的需求的不耐煩與不在意，甚至在措辭上譴責台灣方面的政治操作。一直到台灣政府採取了開放與積極的態度後，中國才相對地釋放出彈性的訊息。中國理解其自身不需過於妥協，因為台灣內部已有要求直航的強勁動力來推動包機直航。從戰略的考量著眼，中國在政治原則的層次相當堅持，倒是在技術層次上表現充分的彈性。雖然雙方政治敵對的僵局仍未解，但期待透過正面交流而累積善意的想望卻是存在的。兩岸間成功的不中轉直航實際上已給兩岸的進展帶來了很多的希望與想像。尤其是，台灣與中國被視為亞太經濟發展的兩個引擎，兩岸間的和平與有序的交流對整個區域的經濟發展都是正面而極其緊要的。這無疑地是區域和平與穩定的一種提升，自然也是柔性策略的一種實踐。

2. 反分裂國家法的制訂

然而，柔性作為對中國而言畢竟只是達成併吞台灣的手法之一。中國此一柔性作為啟動的同時，另一硬手策略的《反分裂國家法》（以下簡稱為「反分裂法」）的制訂，也在展開之中。由於台灣修憲後的公投入憲條款，早已被北京解讀為「法理台獨」，令北京

相當不安與不滿，中國的焦慮感同步升高，而成為其制定反分裂法的重要誘發因素，反分裂法乃因運而生。事實上，過去以來，台灣透過選舉在兩岸的攻防戰上做出了很多主動設定議題的舉措，這一次北京推動制定反分裂法顯然是要一改劣勢，掌握主動權，並施展其三戰計謀，也就是媒體、心理與法律戰，而最終以立法來取代長期以來的政治宣示。由於法律比宣示有權威，宣言往往因人而易，法律則具有穩定性，因而，此法出爐可以說是中國對台鬥爭面的擴大與質的加深以及濃度的加強。中國的全國人大決定「母法」，子法與細則由人大常委決定。這意味中國高層保留了很高的任意性。就某種意義來看，一個由人大「民主程序」的背書，將提供人大常委行「專制集權」之便。而手段上，反分裂法「非和平」又比「動武」的選擇更多、更靈活，也更有威懾性。另外，中國在推動反分裂法的立法過程本身就是一種混合三戰的整體作為，意在攻心，不戰而屈人之兵。

　　由胡錦濤的四點聲明[15]配合反分裂法的條文對照來看，我們可更深入地發現胡錦濤對台政策的立場。在硬的方面：（1）堅持一個中國原則絕不動搖。堅持一個中國原則，是實現國家和平統一的基礎。台灣是中國的一部分，中國的主權和領土完整不容分割。而反分裂法乃根據憲法而制定，由此觀之，在胡錦濤所謂「尚未統一」的說法下，中華民國（ROC）充其量只剩得「實存」（de facto）地位而無「法理」（de jure）地位。也就是法理狀態是統一，而實存

15　2005 年 3 月 4 日，胡錦濤發表關於新形勢下對台工作的四點意見，即：要始終堅持一個中國原則；要大力促進兩岸的經濟文化交流；要團結兩岸同胞共同推進中華民族的偉大復興；要深入貫徹寄希望於台灣人民的方針。

狀態則尚未統一。(2)反對台獨分裂活動絕不妥協。當「台獨」分裂勢力以任何名義、任何方式造成台灣從中國分裂出去的事實,或者發生將會導致台灣從中國分裂出去的重大事變,或者和平統一的條件完全喪失,國家得採取非和平方式及其他必要措施,捍衛國家主權和領土完整。解決台灣問題,實現國家領土統一,是中國的內部事務。任何外國勢力不得干涉。而處置的方式是:採取非和平方式及其他必要措施,授權國務院、中央軍委決定、組織實施。國務院、中央軍事委員會決定採取非和平方式及其他必要措施,應當向全國人大常委會報告。

在軟的方面:(1)爭取和平統一的努力絕不放棄。該文強調,維護國家主權和領土完整是包括台灣同胞在內的中國人民共同義務。而協商和談判可以有步驟、分階段進行,協商事項包括:(a)正式結束兩岸敵對狀態;(b)發展兩岸關係的規劃;(c)和平統一的步驟和安排;(d)台灣當局的政治地位;(e)台灣地區在國際上與其地位相適應的活動空間;(f)與實現和平統一有關的其他任何問題,進行協商和談判。(2)貫徹寄希望於台灣人民的方針絕不改變。該法載明,國家採取下列措施,維護台灣海峽地區和平穩定,發展兩岸關係:(a)鼓勵和推動兩岸居民往來,增進瞭解,增強互信;(b)鼓勵和推動兩岸經濟交流與合作,直接通郵、通航、通商,密切兩岸經濟關係,互利互惠;(c)鼓勵和推動兩岸教育、科技、文化、衛生、體育交流,共同弘揚中華文化的優秀傳統;(d)鼓勵和推動兩岸共同打擊犯罪;(e)鼓勵和推動有利於維護台灣海峽地區和平穩定、發展兩岸關係的其他活動。國家依法保護台灣同胞的權利和利益。

　　由上述得知，北京推出分裂法有認真處理兩岸關係的意味。而反分裂法通過後，其所謂「硬的更硬，軟的更軟」的兩手策略則適度地翻轉：將軟的擺在前，硬的擺在後。中國掀起了更大幅度與深度的對台「交往政策」。

　　有趣的是，兩岸由於缺乏互信，任何界定有關兩岸關係之議題，都不免激化兩岸的緊張關係，但同樣地，由於台灣內部存在嚴重的族群與國家認同分歧，任何議題也都同時會讓台灣內部進一步分裂。反分裂法推出後，民進黨高調反擊，認為此一立法之舉已片面改變現狀；泛藍則認為北京已認識到台海兩岸分治的現狀。親民黨委婉批評民進黨與共產黨。國民黨則責備民進黨多於對共產黨者，連戰認為，局勢造成如此結果，民進黨政府要負起完全、最大的責任。[16] 顯然，反分裂法議題出現後，雖然台灣內部民調多數（平均約八成）指出台灣民眾高度反對此法，[17] 但其對台灣內部的衝擊卻未必低於對兩岸關係的衝擊。台灣的內聚力似乎並未因為兩岸關係的緊張與惡化而增強。

　　反分裂法在國際上也引起不小的震撼與關切。在政治史上，台灣的地位本來就存在高度爭議。過去中國的「一中原則」如只是一般的政治聲明，國際強權都用巧妙的政治語彙加以回應，卻不必然呼應。美國一再以「一中政策」區別「一中原則」，且強調是「我們的」一中政策。在兩岸對立升高時，美國更堅定地強調，所謂的

---

16 陳明道，〈統派看反分裂法，宛如把毒藥當糖果包裹糖衣的毒藥〉《新台灣周刊》第469 期。2005 年 3 月 17 陳明道，〈統派看反分裂法，宛如把毒藥當糖果包裹糖衣的毒藥〉《新台灣周刊》（2005/3/18）。

17 《公視新聞網》2005 年 3 月 2 日，<http://www.pts.org.tw/php/news/view_pda.php?TB=NEWS_C_2005&NEENO=1160>。

台海「現狀」是由美國界定的，畢竟由美方的角度看來，北京制定
反分裂法之舉不啻為意在搶奪對「現狀」的定義權。此外，不管兩
岸關係走向如何，「和平解決」一直是國際強權的主流價值，日本、
歐盟、乃至於澳大利亞也都一再宣示此一立場。然而中國的「反分
裂法」的出爐卻已「潛在地」衝擊了這個秩序，此法一旦被落實，
則是現狀秩序的崩潰，而其中的「非和平手段」的訂定更是對「和
平解決」的挑戰。中國立此法，國際社會的強烈反對，乃不難理解。

四、紅藍聯手制綠

2005 年 3 月 14 日中國全國人民代表大會通過了「反分裂國家
法」。此舉不只遭受來自台灣民進黨政府的嚴正抗議，同時也引起
美日歐認為北京企圖片面改變現狀而予以強烈批判。然而繼之，四
月底，國民黨主席連戰與親民黨主席宋楚瑜相繼登陸中國，結束了
國、共兩黨結束數十年來的敵對狀態，也解除了北京的孤立處境。
泛藍領導人於 2000 和 2004 年連續失去兩次總統大選後，對奪回台
灣政權逐漸失去信心與耐心，轉而尋求與中國共產黨結盟而聯手打
壓與邊緣化民進黨政府，成為其戰略出路。[18]自連宋登陸之後，兩
岸間的互動不只出現量的改變，也出現了質的變化，尤其是表現在
中國共產黨（紅）與台灣國、親（藍）的政治結盟，以及其所帶動
的兩岸經貿與社會文化交流。

---

[18] Kathrin Hille, "Opposition chief plans to force Chen's hand on China link
Taiwan politics," *Financial Times*, (Jan 9, 2006), p.3.

2005 年 4 月 29 日，國民黨主席連戰與中共總書記胡錦濤在北京人民大會堂會面。這是跨越六十年風雨，國共兩黨最高領導人實現的歷史性握手。會後雙方共同發佈《兩岸和平發展共同願景》新聞公報，在堅持「九二共識」與反對「台獨」的前提下提出了五點願景：（1）促進儘速恢復兩岸談判，共謀兩岸人民福祉；（2）促進終止敵對狀態，達成和平協議；（3）促進兩岸經濟全面交流，建立兩岸經濟合作機制；（4）促進協商台灣民眾關心的參與國際活動的問題；（5）建立黨對黨定期溝通平台。仔細去推敲，這五點共識的意義在於讓台灣更進一步被納入中國體系，包括：（1）以九二共識聯合壓制民進黨政府上談判桌；（2）兩岸軍事互信機制：意在排除美國的存在；（3）兩岸經濟全面交流：與中國以經促統的戰略相呼應；（4）協商所謂的民眾關心的參與國際活動問題：意在呼應北京排除台灣加入國際組織的政治含意，進而矮化台灣主權的獨立存在；（5）建立兩黨定期溝通平台：開台灣政治大門，正式引進中國因素。

緊接著，5 月 12 日「宋胡公報」也發表了，個中六項主張的第一點是促進在「九二共識」基礎上，儘速恢復兩岸平等談判。第二點則是高舉堅決反對「台獨」。這一連串的發展上，北京無疑地獲得了一個戰略上的勝利，也就是台灣方面的泛藍政黨與中共當局不僅一致以「九二共識」做為雙方交流的基礎，並聯手壓迫民進黨接受。北京在「承認九二共識」和「反對台獨」的前提下，採取了「政經分離」的策略，也就是在暫不討論「一個中國」內涵為何的情況下，積極開展兩岸經貿、社會與文化的交流，這使得執政的民進黨並無法擋兩岸更大規模交流的開展，甚至為了表達並無阻礙兩

岸正常發展的企圖，民進黨政府反而需要做出積極的政策。2005
年 6 月 14 日陸委會主委吳釗燮宣布，要優先推動「貨運包機」、「台
灣農產品輸銷中國大陸」及「中國大陸人士來台觀光」三項兩岸協
商議題，6 月 15 日北京立即宣布簡化台灣民眾出入境中國簽證，
同時放寬台灣民眾到大陸就業的限制。7 月 31 日又宣布即日起對
十五種台灣的進口水果實施免關稅；8 月 24 日宣布台灣學生學費
減收與設立台灣學生獎學金；9 月 2 日宣布批准長榮、中華、立榮
與華信航空飛越大陸領空；9 月 27 日宣布向台資企業提供首五年
三百億美元的開發性貸款融資額度。

　　台灣對外經貿依賴是個結構性的問題。台灣也是亞太經濟體系
的一個密不可分的環節。當中國採取門戶開放政策，台灣被迫也必
須走開放路線，以適應此一規律。然而，中國共產黨政府一方面有
意避開與淡化其與民進黨政府官方間的對話，另方面卻積極與在野
的泛藍結盟，並得到泛藍陣營的支持，以致於令台灣的民進黨政府
陷入兩難：緊縮，將背負不思民間疾苦的罵名；放鬆，則更坐實公
權力的邊緣化的指責。觀諸台灣大企業爭相前往露臉，各自的利益
盤算雖異，但其集體效應卻已在泛藍政治團體的加持下，嚴重地打
擊了民進黨政府的治理能力。在民進黨執政時期，泛藍利用「兩岸
經貿合作論壇」與「海峽兩岸產業合作與發展論壇」兩大論壇的運
作，與中國共產黨結盟，另方面與企業主結盟的平台。這兩個平台
成為國民黨在在野時期，仍得以蓄藏與共產黨打交道以及與企業主
綿密往來的制度化機制，其運作過程所凝聚的來自人脈與金脈所呈
顯的力量，讓民進黨在兩岸經貿上失去附著力與主導力。而一旦民
進黨在 2008 年 5 月失去政權後，就並難以像國民黨在野時期那般

與共產黨以及商界交往，其邊緣化命運自然比起其手中握有政權時期，更加悲慘。這兩個平台的運作，分述如下：

1. 兩岸經貿文化論壇

兩岸經貿文化論壇是依據 2005 年連胡會達成的《兩岸和平發展共同願景》而設立的。2006 年 4 月，國民黨由榮譽黨主席連戰領軍，帶領包括黨公職與企業家在內的四百多位團員登陸中國，出席國共「兩岸經貿文化論壇」，達成多項共同建議。論壇閉幕前，國台辦主任陳雲林親自宣佈「促進兩岸交流合作、惠及台灣同胞的十五項政策措施」。這近兩百位的企業家據了解其產值總和相加達台灣年度國民產值的近半數。共產黨、國民黨與企業界的結合，大肆開展。在這種以北京為中心的政治操作下，民進黨政府逐漸出現被邊陲化的跡象。而北京立足於「軟的更軟，硬的更硬」的原則上，遂行「以民逼官」和「以商圍政」的策略得以成功，關鍵在於台灣方面有泛藍政黨以及台商的支持作為內應。陳雲林所宣佈的十五項優惠台胞的政策措施，涵蓋了農業、漁業、旅遊、教育、醫療和中國海關等各層面。2006 年 10 月，中共與國、親、新等泛藍政黨，於海南博鰲舉行「兩岸農業合作論壇」。會中主要的成果為通過七項共同建議，其中大部分都是中國單方面可採行的措施，不受台灣政府的公權力拘束。會後中國並立即宣佈二十項擴大和深化兩岸農業合作的新政策措施。在上述 2006 年 4 月首屆在北京舉行的兩岸經貿論壇以及 10 月第 2 屆在海南博鰲舉行，以兩岸農業合作為主題的經貿論壇後，2007 年第 3 屆的兩岸經貿文化論壇

在北京舉行。此後,論壇名稱開始固定下來,每年召開一次,成為慣例。

中國以黨領政的政治體制與文化,讓北京得以透過國共高層所搭建的論壇做為平台,拉攏台灣的政商關係,尤其又是在中國境內舉行,因而得以充分掌握主場優勢,並以「軟的更軟,硬的更硬」的分流作法,清楚地勾畫出「以民逼官」和「以商圍政」的戰略目標,其內涵充分展現在所謂的惠台措施,分述如下:(1)利誘台灣農民與漁民,進一步蠶食傳統的綠色票倉。設立兩岸農業合作試驗區和台灣農民創業園;優惠台灣水果經銷商;對台灣漁民不再要求提供台灣主管部門出具的衛生證書,邊陲化台灣政府。(2)組織由有實力的農產品供銷企業和行業組織組成的台灣農產品採購團,赴台採購,將手伸入台灣基層。(3)正式認可台灣教育主管部門核准的台灣高等學校學歷,吸納人才。(4)集中管理與規範大陸赴台遊客,包括整團往返,以去除台灣阻卻大陸旅客的阻力。另方面,台灣接待大陸居民赴台旅遊的旅行社,須經大陸有關部門會同國家旅遊局確認。對大陸居民赴台灣地區旅遊實行配額管理,將手伸入旅遊這一領域,以便工作。(5)增設落地簽註,以利台民入陸。(6)開放台胞參加報關員考試,以利「以台引台」。(7)提供醫療安全,並吸納台灣醫師與醫院經營者入陸,侵蝕傳統綠色票倉。其重點顯然移轉到「農業」、「漁業」、「旅遊」、「教育」、「醫療」和「大陸海關」,不僅從業人員且及於事業主,就選票的結構而言,具有鬆解綠營票倉同時拉攏中間選民以及年輕選民之效。中國積極爭取「漂流的族群」,意圖對台灣的主體意識產生迷惑效果,並將台灣邊緣化的責任推給民進黨的反中政策。

2. 海峽兩岸產業合作與發展論壇[19]

　　海峽兩岸產業合作與發展論壇是由科技部海峽兩岸科技交流中心、清華大學台灣研究所和昆山市人民政府共同主辦的「海峽兩岸產業合作與發展論壇」，自 2001 年 10 月 21-23 日成立以來，一直是台灣與昆山兩地學術界、科技界、工商界交流互動的重要平台，經過歷屆活動的積累，該活動不僅有效促進了台灣與昆山兩地經濟科技交流與合作的發展，而且對台資如何增強自主創新能力，如何進一步提升產業層次、推動開放型經濟發展再創新高，產生了積極影響。昆山已成為台商在大陸投資最集中的地區之一。主要體現在投資規模大、知名企業多、台資比例高、獨資企業多，而大部分企業屬於資金密集型和技術密集型企業，包括電子資訊業、精密機械、精細化工等新興產業。北京將昆山當作聚集台灣政商資源與關係的樞紐。

　　參與此論壇者，台灣方面的政黨人物以國民黨為主，基本上可以說是個中共的統戰平台，更可視為國共合作的最早雛形。當時中方出席過的重要人物有：國務院台辦常務副主任李炳才、全國人大常委會科教委副主任委員朱麗蘭、科技部副部長馬頌德、國務院體改辦副主任李劍閣、海峽兩岸關係研究中心主任唐樹備、海峽兩岸

---

[19] 馬政府上台後，此會議仍有後續發展，但可能因江陳會的緣故，比較不受重視。例如，2010 年 9 月 21 日以「創造、創新、創意」為主題，探討兩岸經濟合作框架協議（ECFA）簽署後兩岸戰略性新型產業合作。論壇由昆山市人民政府、科技部海峽兩岸科技交流中心、清華大學台灣研究所和昆山市台灣同胞投資企業協會共同主辦。中國發明家協會理事長朱麗蘭、全國台灣研究會副會長王洛林、台灣「中華經濟研究院」院長蕭代基等來自兩岸的三百多位專家學者與會，參與為期兩天的主題研討。

關係協會副會長王富卿、商務部台港澳司司長唐煒、江蘇省副省長王榮炳、清華大學台灣研究所所長劉震濤、昆山市市長管愛國。台方則曾有包括台灣玉山科技協會理事長劉兆玄、台灣華邦電子董事長焦佑均、台積電上海辦事處首席代表吳旭東、台灣威盛電子總經理陳文琦、台灣英業達公司副董事長溫世仁、全球華人競爭力基金會董事長石滋宜等人士與會。2006 年兩岸共同市場基金會董事長蕭萬長也出席了論壇並做演講，代表歷屆論壇台灣方面參會嘉賓的最高層級。其後 2007 年中國國民黨副主席江丙坤、2008 年經濟部次長施顏祥、外貿協會董事長王志剛等重量級人士亦皆曾出席該一會議。

此一論壇不只是一個策略與政策的交流平台，也是個台商西進的招商平台，而其肇始於 2001 年 10 月 21-23 日，應可視為民進黨執政後，國民黨西向尋求拓展政治資源的策略運用的產物，它既開啟了國共的兩岸合作，也強化了國民黨的重商主義路線。而北京與台北的政商要角在此進行統戰與利益交換，既可接近經濟與政治市場，又可避台灣的干擾，自是異常便利。而這個區塊卻是綠營所無緣參與的。當時執政的民進黨在兩岸政經議題上再度遭逢孤立化與邊緣化，同時卻也未見開拓其他資源。以事後諸葛的角度回顧這一段歷史，我們也不難理解何以 2000 年執政後民進黨的政治版圖會逐漸萎縮而非擴大的結構性理由了。

海峽兩岸產業合作與發展論壇每年皆有不同之主題，但也有其連貫性。論壇的議題多少反應了台商中國投資的主客情勢之變遷，也可看出中國共產黨藉由中國市場為誘餌，繞過民進黨對國民黨與台商進行統戰與磁吸的鑿痕。而不同於在珠江三角洲的投資項目，

在昆山多半屬於高科技產業。這應該也是促使台灣高科技產業更大量流失的一個起始機制。而從每年主題的變化，可以看出台商以及台灣經濟被加速整合進中國的速度與程度。從某個角度看來，自2000 年以降，國民黨成為台灣經濟大量西進的推手，卻也是造成台灣經濟被高度納入中國體系而陷入依賴的始作俑者。

　　由此一論壇自 2001-2008 年每年揭櫫的議題的嬗遞觀之，可對照出台商在昆山的投資如何從得勢到失勢，如何從對中國的經濟發展起助勢作用，到後來必須仰賴中國政策協助的起落變遷。在產業競爭與全球性金融風暴的衝擊下，台資經營的困難和壓力引起中國方面高度重視，中國的國家和省市相關部門聽取廣大台商的意見和建議後，也抓緊研究出檯幫助台企轉型升級與產業轉移的政策措施。

　　由上述兩個論壇的運作，我們不難發現，在民進黨執政時期，北京固與一手與民進黨政府玩和戰與軟硬兩手策略，但它在對台以商圍政的工作卻是細膩而有步驟的。而一直到了 2005 年隨著國民黨主席連戰與親民黨主席宋楚瑜等加入後，一個由北京設計與主導，表面交換經濟利益，背地卻暗藏「反獨」議程的論壇，乃更加強勢與實質。尤其正值台商競爭壓力越來越大，必須有地主國在政策與戰略上的突破，以及泛藍政治人物在拓展兩岸經貿上給予台資企業轉型升級與產業轉移方面，具體的政策與人脈的協助。

　　事實上，為了貫徹落實胡錦濤與國民黨、親民黨和新黨領導人達成的共識，國務院台辦與上述各黨分別建立了台商合法權益保護工作平台。國務院台辦投訴協調局分別與其建立了日常聯繫與工作機制，並就台商合法權益保護事宜進行了有效合作。雙方先後於

2005 年 11 月、2006 年 9 月舉行了兩次工作會談，就台胞關心的權益保護問題達成了多項共識。2007 年 7 月 25 日國共兩黨第三次「台商權益保障工作會談」於北京召開，雙方針對台商在大陸經營所面臨的問題及解決之道，進行討論，會後並達成十項共同意見，其中具體的事項歸納有六：（1）認真貫徹落實《台灣同胞投資保護法》及其實施細則，加大對台灣同胞投資合法權益的保護力度，進一步完善保護台灣同胞投資合法權益的法律、法規和政策。（2）妥善解決台商因涉案被採取強制措施後的及時通報問題、在案件偵查階段親屬依法探視問題，建立通報機制，儘快制定相關政策。（3）依法嚴厲打擊涉及兩岸的刑事犯罪活動，切實保護兩岸同胞的生命和財產安全。（4）加強推廣對台商的知識產權法制宣傳，積極引導台商依法註冊商標、專利，並通過法律途徑維護其權益。（5）推動建立兩岸電子信息產品認證認可交流合作機制。（6）適時做好相關稅制調整工作。

　　2008 年 5 月，國民黨在台灣開始執政。10 月中旬，中國政府回調部分紡織品、服裝、竹製品的出口退稅率，確定了 31 個加工貿易梯度轉移重點承接地等，並很快出檯了允許台企租賃農戶的承包地等政策。這些政策皆可看到中國積極的統戰策略的運作。而面對即將展開的兩岸直航所帶來的新機遇，中方籌劃了建設一個「兩岸經濟貿易區」，並與上海大小洋山港、虹橋空港和太倉港實施「區港聯動」。直航後從台北到昆山僅兩個多小時，昆山區位優勢明顯。昆山對於成功轉型升級的企業採取行政費用減免、獎勵科研經費等扶持措施，並鼓勵企業在大陸上市，給予資金的支持，昆山還特別為轉型升級的企業成立了專門的辦公室，提供政府信息以及專業服

務。海峽兩岸關係協會會長陳雲林曾在赴台參加陳江會之前表示，他去台灣洽談關於海上直航、空中直航等事關兩岸關係重大事宜的同時，也期待兩岸企業家攜手面對國際金融危機壓力，用智慧和能力把經濟合作搞得有聲有色，使兩岸經濟和企業界經營合作做大做強。放在這樣的脈絡裡來看海基與海協所簽的海運、空運、郵政與食品安全衛生等四項協議中的前三項，我們更可以看出中共統戰的精算與細緻。

　　而對照於台灣的狀況，在原物料頻漲、雙卡風暴的侵蝕下，2008年台灣內需不振，企業面臨比 2001 年經濟負成長時更嚴峻的寒冬。台灣經濟部的統計顯示，十年前，每年解散撤銷及廢止的公司家數，大概維持在二萬家上下，近七年則上升到三萬多家。但即使是經過 2001 年經濟負成長的衝擊，2002 年倒閉的公司家數也只上升到三萬八千多家。相較之下，2007 年統計到 11 月就超越四萬家。此外，依傳統凱因斯理論看，內需不振可靠政府消費與投資提振內需。但在台灣，受限於政府債台高築，不僅無力扮演此功能，反而成了壓死許多產業的最後一根稻草。據透露，許多做公共工程的中小營造商因為政府扣尾款，或政府要求廠商搶救工程，結果卻不付錢，而導致營造廠周轉不靈，進而倒閉。政府拯救經濟的重點放在股市而非中小企業的營運，然中小企業的慘澹經營，間接使得政府救股市的努力亦成枉然，畢竟中小企業涉及台灣經濟底盤，這一區塊流失或陷落，使民生經濟一蹶不振，自然也會反過來影響到股市的榮枯。而馬政府上台的開放直航與降低對中國投資上限的限制，雖有助於台資降低在中國投資的成本，但相對地卻不利於台資的回流。同時，台資走向以中國內需為導向的發展，對於中國的投資資

源（包括人才與資金）與政策產生更強的依賴。台灣整體經濟在一邊升級不力，另一邊更向中國傾斜的狀況下，發展勢頭乃更趨衰弱。

總的來看，從 2000 年到 2008 年，台灣在民進黨主政下基本上歷經了近八年中國對台政策的操弄而逐漸走向邊陲化的處境。中國對台政策由江澤民「由緊趨鬆」、「由鬆趨緊」的對台政策，再到胡錦濤的「硬的更硬，軟的更軟」策略，乃至於紅藍聯手制綠，一路下來，民進黨政府在兩岸關係的發展上，已逐漸被邊陲化。而 2008 年 5 月馬英九就任總統後，由於國民黨政府與中國共產黨政府極力配合，兩岸進入大交流，台灣在政、經、社、文各個領域乃更深與更廣地被編入中國體系之中。兩岸關係自 2008 年 5 月國民黨政府執政後，進入一個全新的局面。

中國將台灣編入其政經體系的努力：2008-2012

一、紅藍大交往

　　由上一章分析可知，民進黨執政時期，在兩岸的交流過程中，國共的結盟以及操作商業力量並未受到民進黨政府的強力干預或阻礙。但不可否認，民進黨的執政因素對於國共的兩岸發展進程，仍起到掣肘作用。於是，待馬英九贏得政權後，兩岸統派與商業利益者在大交流的氛圍下，宛如久旱逢甘霖，而各種動作與倡議乃如雨後春筍般地發展開來。馬英九總統上任以來，其政績標榜的是開展以經濟為優先的兩岸關係，並且強調「先經後政」。這也是馬政府2008年選舉期間最核心的競選承諾。在政治上，馬英九主張兩岸在九二共識的基礎上，擱置爭議。這是中國接受馬英九最根本之所在。與中國交手，馬英九採取在主權上模糊以對，一方面爭取兩岸和平空間，一方面安撫台灣內部部分怯戰的情緒。而馬英九與胡錦濤找到的共識：「擱置爭議」與「不統、不獨、不武」的主張實際上是一

體之兩面。然而，這一模糊暗藏個盲點，也就是：不獨，是馬胡雙方的共識，「不統」則不是。精確地講，「不統」的意思是：「不立即統一」，但不是拒統。「統一」是馬胡雙方對兩岸終局選擇的默契。

　　五二○後，總統府與外交部網站立即將國名從「中華民國（台灣）」恢復成為正式國號「中華民國」，這種「去台灣化」的動作是一種政治手勢，為的是釋放誠意以爭取中方的信任與信心。馬政府與國民黨一再為所謂的「擱置爭議」背書。不過，仔細去分析，將會發現，「擱置爭議」與「擱置主權爭議」二者之間僅二字之差，但意義確有千里之距。中國共產黨當然樂於擱置爭議，這可以讓它模糊與掩飾爭議背後的不牢靠的對台統治之基礎。中國主權的落實範圍本就不及於台灣，沒資格對台宣稱，這是鐵的事實。因此，模糊可讓它混水摸魚，自然是北京所樂見。至於國民黨的盤算應該是：刻意不提「主權」的爭議，深怕破局，而寄望在不堅持主權的立場下，能得到北京在實質的議題方面的讓步或空間的擴大。這應該是馬英九與國民黨內心的算計。其次，馬英九也提出「活路模式」與「暫行架構」（modus vivendi），而此二者是一體的兩面。達成此一暫行架構，並不意味雙方要承認對方的立場和價值觀，基本上，它為的是建立一個求同存異（agree to disagree）的管道。根據馬英九自己的說法，其外交休兵是強調和解，不和大陸在邦交國的數目做惡性競爭。兩岸政策是台灣外交的上位政策，台灣的外交空間是透過與中國協商出來的。他希望透過外交休兵，低調行事，避免與中國出現衝撞或爭論，清除中國對台灣進行超出其「主權禁忌」之外的生存空間的打壓，以有助台灣在實質議題上回到世界應有的分工位置。

在經貿優先的意義上，兩岸經貿的開展是馬政府選舉期間最主要的競選承諾。一般藍營支持者多數相信，2008 年的總統大選中，民進黨敗選的部分理由，是因為民進黨過於執著於主權與認同議題，而在經濟議題上的表現無法令人民滿意。他們也普遍認為台灣需要一個務實的團隊與政策來帶領台灣自泥淖中走出來，而馬英九不強調主權與台灣認同問題的務實路線，將是帶領台灣走向希望的最佳選擇。但一個台灣無法規避的現實是，有關主權的爭議問題，中國是聯合國所認可的主權國家，不存在爭議，台灣仍無身份與席次，其地位是有爭議的；擱置爭議的結果只是逼台灣單方面壓抑自己爭主權的權利。然而，藍營支持者與馬英九的團隊一再強調「擱置爭議」的靈活性，並稱其是「去意識型態化」的務實風格。

2008 年 7 月 4 日的開放兩岸包機直航與開放陸客來台觀光是馬總統上任不到兩個月的兩岸政策大戲。不過，包機直航的首航當天股市大跌 165 點，顯示包機直航的開啟並沒有如預期般地激勵市場士氣，反而重挫。馬政府最為輿論所詬病的是，在未深入評估與沙盤推演前，就公然單方宣布首航日期，這種躁進與大膽承諾確定日期的作法，反而使其自身缺乏一個政策的迴旋空間，而陷入被動與不利的情境。當時台灣民眾與業者，甚至中國觀光客，抱怨者不在少數。事實上，早在 4 月 22 日內政部入出國及移民署便承認在作業線上人力不足的窘境，由此可見開放的急促與粗糙。開放政策本身受肯定，但不當的行政疏失卻帶來更多的損失與成本。同時，全面與躁進而非漸進的開放實已將台灣置於充斥著風險的環境。

2006 年，中國外匯存底已達 1.53 兆美元，遙居世界第一，中國崛起是事實，而台灣對中國的貿易與投資嚴重失衡，依賴日深，

也是事實。從台灣發展的利益思之，一個和平穩定的台海關係是吾人所期盼與樂見的，然而，經濟、政治與安全乃屬不同範疇，亦不宜混為一談，冷靜與理智的面對是必要的。國民黨執政後，為了向北京表態，急切與民進黨政府切割，未能有計畫、有步驟地利用民進黨在兩岸上為台灣所掙出的談判空間與籌碼，這是整體國家資源的浪費，殊為可惜。而客運包機直航與陸客來台觀光，這兩樣不僅沒超出民進黨執政時期所期待的範圍，反而未見原來綁在一起的貨運包機的進展。而尤令人遺憾的是兩岸談判的陣勢與策略：中方佈局嚴整，攻防有條有理，台方卻凌亂失序；北京「抓大放小」而台北卻「抓小放大」。

2009 年 5 月馬英九提出了「兩岸經濟合作架構協議」（Economic Cooperation Framework Agreement，ECFA），作為兩岸經貿談判時我方的提議，這是馬英九競選期間所謂兩岸「綜合性經濟合作協議」（Comprehensive Economic Cooperation Agreement）的正名。11 月 16 日兩岸簽署了金融監理合作了解備忘錄（MOU），這是第一項由兩岸官方代表簽署的文件，避開政治性頭銜，以換文方式完成。

當時台灣深藍與深綠的陣營在 ECFA 這個議題上，各說各話，沒有交集。相反地，北京在兩岸復談上不僅有擁有主場優勢，而且因為團隊與策略規劃完整，更見信心。中國的政策與人事具高度延續性，上從胡錦濤，下到海協會的成員，一條鞭的談判隊伍，既有涉台又有涉外要員，上下與裡外，佈局分明有方。台灣則是在政黨輪替後，徹底更換一套戰略原則與隊伍，而且內部缺乏紀律，未戰先亂，自陷於內部紛擾，此一現象從國民黨大老的爭相競逐造訪中國以及參與談判成員，藉媒體曝光而爭知名度者，看出一斑。而國

民黨對共產黨百般求全，卻吝於對綠營政黨進行遊說，導致台灣內部相互掣肘。相較北京當局，馬政府治理兩岸關係的能力貧弱畢顯無疑，台灣民眾在與中國接觸時有普遍缺乏信心的現象產生。兩岸談判的態勢，早已高下立判。

馬政府主張以擴充外需來增加經濟成長，是台灣等小型開放經濟體所需採用之策略，也就是要藉由中國這個外需市場與台灣內需市場的聯繫，以擴大台灣的經濟版圖。然而，在缺乏國際市場的積極奧援之下，此舉無異於是台灣將高比重的外需市場編入中國的內需市場的一個過程。從現實來看，台灣在市場擴張上需要中國者，遠勝於中國之於台灣。馬政府雖聲言，從未放棄與他國多邊簽署自由貿易協定，但台灣與他國簽署自由貿易協定既受制於中國的反對，也受制於台灣政府談判能力的低落，於是構成了一個形態：中國一方面大開台資流入中國的渠道，一方面阻擋台資更便利流入其他國家的可行性。當兩岸產業規格與市場制度透過協商而更進一步接軌後，台灣開拓與其他國家經貿的力度將遠低於台灣對中國；台灣會更依賴中國市場。

當中國與東協間的自由貿易更成形之後，中國勢成為台灣進入其他國家的轉運站。可以想見，不管以中國為最終市場或以中國為中繼市場，台灣對中國趨之若鶩之勢，都將因為 ECFA 的搭建而更為成形。ECFA 簽署後不久，其效果便已顯現。貿易方面，依據財政部統計，2011 年台灣對大陸（含香港）出口額為 1,240.5 億美元，較上年成長 8.1%，佔台灣出口總額的 40.2%。2011 年自中國進口額為 452.8 億美元，較上年成長 20.5%，佔台灣進口總額的比重為 16.1%。由於台灣對中國出口成長速度低於台灣自中國進口成長速

度，使得台灣對中國貿易盈餘只成長 2.1%，約 787.7 億美元。[1]台灣對中國的投資方面，根據經濟部投審會統計，2011 年 1-11 月共批准台商赴中國投資 530 項，投資金額 124.13 億美元，分別較上年同期成長 30.5%與 22.1%，佔台灣對外投資總額的 77.6%。[2]而相較台灣對中國投資的巨幅成長，台灣對自身國內的投資卻呈現大幅衰退。根據主計處統計，2011 年全年國內投資成長-3.79%；其中民間投資成長-2.35%，公營事業投資成長-14.32%，政府投資成長-5.41%。[3]

　　由上述的資料顯示，台灣出口中國比例較之前低而同時國內投資比例也降低。這顯示 ECFA 簽訂後，有更多台商前往中國投資。而從理論上來說，由於中國與東協早於 2002 年簽署自由貿易協定，雙方經貿往來日益頻繁。台灣雖想盡辦法欲與東協簽署自由貿易協定，但因為中國的政治干擾，始終不得其門而入。台灣與東協之間的貿易自由化，遙遙無期。而 2009 年台灣與中國簽署 ECFA之後，兩岸貿易邁向自由化。這種情況造就了一個態勢，即：中國分別與東協與台灣進行貿易自由化，而台灣與東協之間的貿易自由化，無法打通，中國左右逢源，乃自然成為資源的輻輳中心，也就是中國為「軸心（hub）」，台灣為「邊陲（spoke）」的狀態。這樣的結構樣態也對於台灣資源往中國傾斜，產生加速作用。

---

[1] 高長、張至輝，〈2012 年兩岸經貿關係：回顧與展望〉《鉅亨網雜誌》2012 年 2 月 14 日<http://tw.mag.cnyes.com/Content/20120214/6D46BA9C87BE479499C7B7589E733D01.shtml>（2013/11/4）。

[2] 同上。

[3] 〈台灣經濟預測，二〇一二年第二季〉《中華經濟研究院，經濟展望中心》2002 年 4 月 17 日，<http://www.cier.edu.tw/cef/2012Q2-data.pdf>（2013/11/4）。

　　這顯示台灣的「全球化」策略幾已不可免於「中國化」。而察考港中更緊密的經濟夥伴安排（Closer Economic Partnership Arrangement, CEPA）的例子顯示，港中簽署 CEPA 後，對於中國強調的大規模生產，如魚得水，但它卻未給香港帶來經濟幸福，對於管理、專業與服務品質的提升，幫助不大。全球化的邏輯，使企業四處外包，導致香港自身低階服務勞力面臨空洞化；剩餘的低階或半低階勞力也不及訓練。雖然也有出現一定的榮景，但卻只是少部分人獲利，貧富差距日益擴大，失業問題沒改善、中小企業的困難依舊，香港本地企業面臨中國內地供應商成本價格的競爭，又面臨外商高品質的競爭，進退兩難。CEPA 理論上可增加香港去中國投資的機會，進攻中國的市場，但專業資格相互認證與人才交流也碰到中國內部的保護主義、不透明的潛規則與人際網絡的限制。港資要深入中國，壯志難酬；相反地，中國因素進入透明與法治的香港，卻如入無人之境。

　　加入世貿組織後的中國，其經濟戰略觀越來清楚。北京要建立的是以它為中心的朝貢體系，不可能接受台灣與其它國家簽訂自由貿易協定，除非台灣接受一中原則，同時，順序必須在 ECFA 之後，且是兩岸共同協商出來的結果。2008 年 12 月中共總書紀胡錦濤在對全體台灣同胞的講話中，列出中國未來對於台灣工作的六大重要方項，其中一項胡錦濤已清楚表明：

　　　　實現兩岸經濟關係正常化，推動經濟合作制度化。兩岸可以為
　　　　此簽定綜合性經濟合作協議，建立具有兩岸特色的經濟合作機
　　　　制，以最大限度實現優勢互補、互惠互利。建立更加緊密的兩

岸經濟合作機制進程，有利於台灣經濟提升競爭力和擴大發展空間，有利於兩岸經濟共同發展，有利於探討兩岸經濟共同發展同亞太區域經濟合作機制相銜接的可行途徑。

目前台灣經濟依賴中國甚於中國依賴台灣的態勢越來越明顯，並且，國民黨政府也不斷強化這種主觀的預期心理，並在制度的建構上越來越捲入依賴中國的方向前進。

ECFA 給予台灣進入中國的資本享有更自由空間，這是一得，但台灣得以准入中國的公司的給予，終究操在中國政府手中，民族主義與族群的因素將介入台灣的經濟體系。中國政府會否以統獨意識或民主意識「是否正確」來操縱，對台商進行政治檢查，值得憂慮。香港的經驗是，CEPA 的任意性與自由裁量，為特權與貪污開一扇門，香港政府曾因此挨批。CEPA 影響了外國在香港的利益並鼓勵了裙帶主義風氣。可以預期，開放中資來台後，在台的中資加上他們可以影響的企業，將自動形成為中國利益代言的龐大的親中集團，主導企業生態，甚至進而影響到台灣的政治。

毋庸置疑地，就外在政治力結構而言，在紅、藍、綠的互動關係上，未來「紅藍聯手制綠」的格局仍會持續運作，紅與藍之間有更密集與多渠道的交換利益，且關鍵在於：紅可以在拉攏藍的過程中，拖住台灣通往獨立之路；藍可以藉中國大市場的利益而獲取台灣民意的支持，長久執政；而綠營的獨立思維在中國沒有市場，在台灣的市場只能建立在對於紅與藍的厭棄，綠的機會相對消極，也就是說，如果紅藍的聯合能帶給台灣繁榮、穩定，又不傷其民主，則台灣市場會接受紅藍的結盟。同樣地，綠營如可以既防止中國併

吞台灣、揭露國民黨腐化與犧牲台灣利益，又能提出維持兩岸的繁榮與穩定之策，那麼綠營獲得選民支持而再行中央執政，機會仍是很大的。未來，可以預見，紅藍綠將各自面臨不同的困境：

1. 紅營方面

　　先定原則與框架，再進入細節纏鬥，討價還價，是中方一貫的談判策略。準此以觀，ECFA 簽訂後才是兩岸爭鬥的開始，也是觀察台灣民意對兩岸關係看法的另一階段的開始。台灣政治權力的來源是選舉。只要選舉過程中立化與透明化，並嚴格禁止政治利益或力量介入操作，中國在經濟上對台灣的影響力想直接移轉到政治影響力，仍需有一漫長與迂迴的過程。但中國現在遂行以商圍政、以經促統的政策，十分靈活與細密，再加上及綜合國力不斷上升，市場不斷對台灣進行吸納，一旦「由量變到質變」，情勢並非不可為。現在的一個關鍵因素是：中國共產黨是否願意忍受現狀不改變或是能忍受到何時？眼前，透過選舉的民意已成為兩岸關係的不穩定因素。而一旦成為定式之後，共產黨是否願意長期接受這種安排也是另一種不穩定因素的來源。萬一，它的政治衝動超越了經濟理性的界線，兩岸關係的發展將出現逆轉，而國民黨將陷入兩頭不是的境地，民進黨也將面對排山倒海壓力的嚴酷挑戰。

2. 藍營方面

　　由於民意扮演兩岸政策的決定因素,如何開拓民意成為藍綠兵家之所必爭。目前藍營行政與立法以及縣市執政皆佔上風。只是,執政的國民黨急於求成,重形式民主,而輕實質民主。尤其在國民黨政治意志的支配下,兩岸相關協議(如 ECFA)通過的過程,其對於效率的考量乃遠重於民主程序,國民黨選擇不進行逐條之實質審查即是如此。這使得綠營有運作空間。未來,兩岸關係進展如果順利,並且社會各階層利益均霑,則國民黨的作法會得到支持,倘若相反,則會給國民黨留下罵名,共產黨也脫離不了干係,捲入台灣的內部之爭。

3. 綠營方面

　　綠營內部出現完全反 ECFA 和有條件反 ECFA,以致於面臨部分的內在矛盾,而力量難以集結。在論述的上位概念上未有清晰定位,導致難以自圓其說。國民黨方面曾批評,「民進黨在 ECFA 的態度上,一方面反對 ECFA,另一方面又在抗議早收清單沒有列入工具機等項目,根本是邏輯矛盾。」這個批評沒有錯。但,如果綠營能提出自己的版本以及議程,並指出潛在風險與警告,或許較能討好。在 ECFA 協商完成後,在野的綠營政黨由於正式通道被阻,只能尋求體制外的出路,包括所謂的「民主客廳－ECFA 開講」的形式,深入大街小巷、家庭,以讓人民真正了解 ECFA 對台灣社會貧富差距擴大等相關議題所可能造成的衝擊。在就業普遍困難以及

薪資低階化的困境下，綠營的顧慮仍可以得到很多共鳴。至於，「脫美入中」、「戰略芬蘭化」或「經濟一中化」等警語，對於一般活在當下的很多人而言，似乎遙遠而艱澀的話題。此外，綠營困難還在於，開放與合作符於眼下主流趨勢，而綠營對於短期的生存現實與長期憂慮未能分流處理。只有憂慮，又缺出路之指引，很難引起新選民的信任。而在與紅藍的競逐下，身為執政黨的紅與藍，掌握資源優勢，而資源的多寡又往往對朝野兩黨競爭民意的力道具有重大的影響。

　　總體而言，台灣內部藍綠對抗已臻零和狀態，這使得共產黨的作用力可以深入台灣政爭。不過，儘管台灣處在中國可能的強勢吞沒之重重危機，畢竟，台灣的存在亦關係東亞政經秩序，中國也必須考慮各方的利益。因此，只要理性因素與理性力量仍是主流，兩岸要瀕於破局，也是不易的事。紅藍聯手使台灣整編進入中國體系帶來了重重危機，但尚未有立即的危險。台灣如何因應危機，將是決定台灣命運的最大成份。

　　在 ECFA 簽訂與落實後，兩岸關係將朝向更正常化、制度化和自由化的方向前進。而就目前而言，所謂的中國方面的政治圖謀尚未完全顯露，因此以現在判斷，民意如較傾向正面看待實不足為奇，然而，作為《兩岸經濟合作框架協議》相關聯的一部分的《海峽兩岸知識產權保護合作協議》，雖有助於兩岸加強專利、商標、著作權及植物新品種權等兩岸知識產權保護方面的交流與合作，但在落實面是否能實現？這些都有待檢驗，未來尚有一段很長的考驗期。從社會心理期望的角度來看，國共對於 ECFA 有過高的吹捧，並非好事，畢竟，經濟事務變化萬千，非人所能逆料。而經濟受惠

者，常視現狀為當然，並多數低調，然經濟受害者，往往缺少耐心，
且較會勇於表露不滿。未來，有一段時間，中國理當會繼續從「以
經促統」的觀點來進行對台統戰。ECFA 的簽署有助於台商對於大
中國市場的經營，很顯然也符於其對商人的拉攏。接下來，共產黨
還會給台商什麼，值得注意。甚而，若中共有意對之扶持，是否有
朝一日台商會擁有足以對台灣現狀產生顛覆的力量，長遠來看，這
是不可忽視而值得關切的族群。

　　另一個關鍵性議題是中資入台。中國公布的《陸資入台通知》
規定入台中資不得違反統一和國家安全，還要嚴格監督企業是否違
反規定。中國本欲插手台灣事務，而制度化的機制都將提供中國官
方展現意志與介入兩岸事務的一個平台。而就官方對官方，分裂的
台灣實難以對抗內部高度一致的中國。當兩岸金融流動特殊化之
後，在兩岸相互交往的架構下，中國政治因素入台將更加便利。如
同 CEPA 對於「一國兩制」下香港的自主地位產生了特洛伊的木馬
效應，兩岸簽署了框架協議後，也恐將步香港之後塵。基於國家安
全而對於有威脅資本的監控與管制，即連美國這個世界最大的自由
經濟體，都會設有安全閥，更何況渺小的台灣。在 2005 年 8 月中
國的中海油（CNOOC）欲高價併購美國優尼科石油（Unocal），結
果立即受到美國國會的阻止，並通過決議不讓中海油去併購優尼
科。2007 年美國便提出過叫做 Exon–Florio 的修正案，它明訂凡具
有政府背景而欲進入美國股市或購買美國安全相關的產業，都需經
過對外投資委員會的審查。顯然，國家安全的憂慮並非只有台灣，
美國也很重視。人民趨利如水走下，中國市場有其便利性，乃是事
實。但就政府的角度而言，作為管理眾人之事的公權力，當它面對

台灣資本大量向中國移動，並且要冒經濟與政治風險時，政府實應做一個平衡器，往中國以外的市場去鼓舞與引導，才不至於過度向中國傾斜，逐步沒入其體系而滅頂。只是，與此邏輯相反，當前國民黨政府不只未有分散策略，反而是加速台灣向中傾斜的態勢。

目前紅藍的大交往過程，雙方從具體的海空運基礎設施到抽象的人流、物流與金流，以及其所衍生的相關問題都做出處理，可以說相當完備。透過協議的簽署，內容執行的檢驗，國共所著眼的是雙方交流的成果，得以機制化、固定化與穩定化。比起很多國家間的協議談判，兩岸之間展現出相當高的效率，國共間像在追趕進度般地急於將兩岸間的關係加以固定化的心思，在此表露無遺。

兩岸的協商與對話，在前面階段進展還稱順利，速度也史無前例地快，然越到後面，主客的限制因素卻越來越大，時序漸入「由易入難」的階段。以江陳會所爭取的利益看來，當台商大量往中國移動，且後勢看旺的狀況下，對台灣而言，江陳會所能增值者實在有限。相反地，藉由江陳會的協商作為掩體，中國可擴大它對台的統戰面與統戰基礎。目前的態勢是：直接與台灣人民接觸，梳理出另一條管道，而在宏觀面的分割後，再進一步零細化其內部的構成部分。北京的手已伸進台灣，相反地，台北卻無法反過來將手伸進中國內地，兩邊戰略優劣態勢立判，台灣一方面逐步地被誘入系統，而另一方面中國不斷地深入台灣的社會底層。在這方面，北京操作海峽論壇的模式提供了一個縮影，論述如下。

二、草根統戰

海峽論壇是福建省省委書記盧展功所一手策劃。論壇的命名乃根據原有「海峽西岸經濟區論壇」（簡稱海西論壇）發展並更名而來。海西經濟區於 2005 年 12 月，被列入第十一個五年規劃的內容，2006 年 3 月 5 日，中國國務院總理溫家寶在對全國人大的政府報告中，提出支持「海峽西岸」的經濟發展，福建省旋即開始積極推動相關的建議案，明確提出將福建省重新定位為「對台特區」，而中國的「十一五計畫」更進一步規劃以福建省為主體，涵蓋台灣在內的「海峽西岸經濟特區」，將台閩關係納入中國國家發展綱領與區域整合。不過，格於民進黨執政的抵制，此一構想並未能充分開展。2008 年 11 月上旬，中國海協會會長陳雲林訪台期間遭受台灣在野黨與民間人士激烈抗議。和過去中國處理周邊有事的方法如出一轍，中國都習慣用經濟誘因來安撫，2009 年此一方案才又被中國中央重新重視，在「海峽論壇」開辦前，溫家寶還在此前親自跑了一趟。

2009 年首次的「海峽論壇」於 5 月 15-22 日在福建的廈門、福州、泉州、莆田等地召開，為期八天。在兩岸政府、國共、企業界雙方關係已逐漸建制化之後，如何「寄希望於台灣人民」成為北京統戰步伐向前邁進一步的階段性目標。這個論壇鎖定的對象乃是台灣的一般民眾。其原始構想是希望藉由福建緊鄰台灣的地緣關係，加強對台灣的各種交流，並達到發展自身經濟及增進兩岸民間情誼的目的。據新華社的報導，首次的「海峽論壇」單單台灣方面

參加人數便高達八千多人，掛名主辦單位中方有 26 個，台方則有 28 個。賓客則是有系統地邀請。論壇的參與人士除了幾位知名的政治人物外，科技、航運、旅遊、教育、農業、影視、出版、醫藥、體育、婦女、工會、青年、宗教等二十多個領域的代表也受邀參與這次的海峽論壇。整個大會現場，有效率地讓人車在最短時間內集結與駛離，顯示中共對於各項細節的注意。其次，雖然參與者眾，但由於可以細分成員背景，由不同主辦單位負責招待，所以容易達成情感交流的目的。從 2009 年迄今，海峽論壇始終標榜「擴大民間交流、加強兩岸合作、促進共同發展」此一主題：面向基層民眾的全方位、寬領域、多層次的格局，以及形式多樣、內容豐富、參與廣泛的態勢。換言之，保持「民間性」、「大眾性」、「廣泛性」的鮮明特色。

　　這個論壇所進行的兩岸對接的工作，必須放在更大的一個背景，也就是中共中央政治局常委、政協主席賈慶林於 2012 年 6 月 17 日大會所講的一段話：「兩岸實現了全面直接雙向『三通』，圓了兩岸民眾三十年的夙願。兩岸簽署了包括經濟合作框架協定在內的 16 項協議，推進了兩岸交流合作制度化。兩岸經濟合作不斷深化，文化交流精彩紛呈。兩岸人民往來規模迅速擴大，去年突破了 700 萬人次。兩岸民間交流蓬勃開展，遍及各界別、各領域，特別是基層民眾交流迅速興起，兩岸市縣鄉鎮之間，工會、農會、漁會、水利會、婦女、青年等各類民間團體，簽署了數百項交流合作協定。兩岸大交流形成了全方位、寬領域、多層次的格局和形式多樣、內容豐富、參與廣泛的態勢。」依此看，我們固不需誇大論壇的重要性，但在此大環境的脈絡下，其意義也就非同小可。

此外，中方藉此場合發布的更大規模的惠台方案以及海西開發的訊息，值得注意。會中中共中央台辦、國務院台辦主任王毅主張「鼓勵和支持兩岸民間交流，是貫徹落實寄希望於台灣人民方針的具體體現，是中共中央台辦、國務院台辦應盡的職責。我們將支持和鼓勵各有關方面採取更多積極舉措。」這顯示，此一論壇基本上仍是官本位的態勢與立場。而這裡所謂的積極措施，應是指更充裕的財政預算與政策給予幅度的放寬。而報導說，論壇主會場設在廈門，分會場在福建省其他 8 個區市和平潭綜合實驗區。來自各界別、各行業、各縣市的萬餘名台灣鄉親參加論壇。顯見，中國有擴大與深入辦理的跡象，這或許是意味著，中方玩兩手，企圖一手與藍綠政黨交手，另一手跳過台灣政治高層，直接面對台灣民間需求，並透過「對台工作外包給民間」的方式，產生兩岸「民間對民間」對接，以耕耘台灣基層組織的策略。

而從歷屆論壇的連續性活動與發展看來，北京的對台工作正在發揮其「以我為主，對我有利」的戰略作為。有別於「國共經貿論壇」，「海峽論壇」顯然著眼於經營台灣的基層組織，高層政治人物毋寧只是為了媒體效應，以及對接於北京對台系統的高層人物。而由這種發展可以看出，北京對台政策已逐漸轉變為官方在背後以經濟和實惠為支持或鼓勵的「民間對民間」工作的開展，同時，北京也充分體現中央對地方的格局。在福建廈門而非北京舉辦，藉由「地理」概念將台灣事務界定為「地方」。而邀請對象沒有台灣的中央官員，沒有認同「中華民國」的問題，但反過來，當兩岸基層在北京對台系統主導下而關係越來越綿密，越來越整合時，中華民國的中央系統，也逐漸面臨被跳過的命運。尤其，當台灣基

層的公眾人物越來越自信於自己與中國官方的人際關係網絡時，在台灣這種「庶民政治」的氛圍下，台灣的中央和官方在兩岸交流的決策上，將越來越受限。同時，為了不擋財路，未來台灣政府說「不」的空間會變小，說「是」的態度將會越來越被期待。台灣政府將越來越被動。有朝民進黨重新執政，應無法挽回頹勢，甚至將因被內部基層的既得利益的擔心，出現倒退而被迫做更多的讓步。

三、北京聯合泛藍政商勢力壓制台獨的策略

1. 因應 2012 總統大選北京「紅藍連手制綠」的鋪排

　　從反台獨的立場出發，2012 年馬英九總統連任與胡錦濤順利交棒有密不可分的連鎖關係，也就是所謂的「助馬即是幫胡」[4]。2012 年是兩岸政治年，它提供了國共兩黨合作的條件，紅藍的基本共識不是北京要不要助馬當選的問題，而是要採取什麼有效的途徑，盡多少力氣，與投入多少資源。

　　2008 年馬英九上台後，採對中國全面的經濟傾斜政策，三通與 ECFA 協議的簽署，進一步深化台灣對中國的依賴關係。2012 年大選期間，北京大力拉拔馬英九，以商圍政，以民逼官的促統策略更進一步固化。北京口頭否認介 入，但行動上卻毫不遮掩。上海高規格接待台灣各縣市旅北同鄉會總幹事到上海旅遊挺馬、中國

4　台灣智庫主權及國際組，《現階段台灣對中國政策的新戰略思考》，<http://www.taiwanthinktank.org/page/chinese_attachment_3/2352/05_3.pdf>（2013/11/4）。

官員深入走訪中南部、中國採購團絡繹不絕於途、國共聯手逼航空公司推投票優惠機票、台協列冊動員捐款，乃至於大企業老闆逐一跳出來挺九二共識並下令員工動員挺馬。除此之外，統派媒體也全力以九二共識恫嚇台灣。北京確實很認真地動員助選資源，全力拉抬馬英九。2011 年 12 月 23 日由中選會舉辦的首場政見發表會上，馬英九的論述是：當前的兩岸和平很難得，而和平的基礎在於「九二共識」，民進黨一旦上台後，將讓兩岸陷入不確定，影響難以估計。馬英九公開向台灣選民喊話：只有他繼續當選，才能維護台灣的主權與安全。

馬英九雖在政治交往上並沒有完全聽從於北京的主導，但卻附和北京反獨的立場。馬英九接受一個中國原則，提倡「一國兩區」，戮力兩岸大三通、外交休兵、簽署促進兩岸經濟整合的ECFA。他企圖站在一個對等的立足點來對待北京。而兩岸自馬英九上台來，已簽署了 16 項協議，進展神速，這有利於國民黨執政，但為了取信於北京，馬英九和其親信金溥聰只有接連在不同場合丟出兩岸簽署和平協議的議題，以向北京表態終極統一的堅定立場。而此一議題丟出後，台灣輿論譁然，逼得國民黨高層急忙撲火。畢竟，和平協議一旦簽署，台灣不再把中國當敵對國看，防禦措施就得自動一一繳械，也連帶讓美日將台灣連結為安全結點的亞太戰略跟著破碎。不過，馬英九卻因民調大跌，而停止炒作此一議題。但在姿態上，至少馬英九已做出動作。而對比於前，2011 年 10 月 19 日的第七次江陳會雖終告成功舉辦，但確實經過了一再的拖延。國共雙方的協商速度是減緩下來了，而國共內部雜音四起也意味著，國共雙方的協商已「由易而難」，慢慢進入「深水區」，也就

是管轄權等主權的範圍。北京既不承認中華民國的存在，很多問題便談不下去了。

綠營認為馬英九一旦當選，台灣的主權與安全將逐漸流失與傾倒。但，有趣的是，堅定獨立立場的綠營反而成為馬英九用來減緩台灣走入被中國吞沒的止滑劑，更順手將民進黨拿來做為與北京對抗的擋箭牌。在紅綠的對抗中，馬英九獲取了政治利益。

2. 選前北京以反獨為核心得的戰略的落實

「以商圍政，以經促統」一直是北京對台和平統戰的核心策略。但胡錦濤上台時台灣由高舉國家主體意識的陳水扁主政，北京的對台策略乃略有調整，也就是：反獨甚於促統。更精確地講，應是「以商圍獨，以經反獨」，暫時將促統放在其後。在有錢能使鬼推磨的邏輯下，北京一則拉住在中國投資的台商，發揮主場優勢。隨著產業變遷的需求，北京鼓勵台企大力發展戰略性新興產業。2008 年上海已出檯一系列具有指導性的建議和措施。而其所發布的「新十五條」，旨在結合「十二五」規劃和上海台資企業實際，鼓勵台企大力發展戰略性新興產業和現代服務業，加強台滬經貿交流合作。在《上海市進一步促進台資企業發展的若干舉措》中更載明五大亮點：扶持台資中小企業針對性強；多管道多主體解決台企融資難；明確新興產業和現代服務業導向；台企獲得補貼資助管道更明晰；台協服務台企的功能更多元。[5]中國對台灣報紙所做的置

5　江迅，〈北京對台又甜又軟〉《亞洲週刊》，<http://www.yzzk.com/cfm/Content_Archive.cfm?channel=ae&path=3236411881/04ae3.cfm

入性行銷，在台灣媒體經營日漸困難的環境，也大有斬獲，媒體報導的角度、社論的角度愈來愈受中國左右。北京透過財團控制傳媒，嚴重影響乃至左右了媒體的言論方向與尺度。另外，北京也不斷利用各種機會告示台灣選民，一旦變天由民進黨執政，則眼前好景將蕩然無存。

在打經濟牌的過程，北京的舉措具體表現在下面的作為：（1）中國各省市採購團一批又一批來台，進行各式各樣，美其名是採購的活動，但事實上，卻不能免於意在影響選舉的嫌疑。（2）台灣大選前，十二月中旬，北京國務院台辦宣布，開放台灣鮮梨進口大陸。至此，台灣水果准入品種已達二十三種，新增的還有檸檬、柳橙、火龍果、哈密瓜，已經准入的有鳳梨、香蕉、番荔枝、木瓜、楊桃、芒果、芭樂、蓮霧、檳榔、橘、柚、棗、椰子、枇杷、梅、李、柿子、桃，大部分實行零關稅。（3）台灣大選前一週，北京當局發布告示，解除對台灣 877 項食品進口限制，不再要求台灣廠商出具台灣標準檢驗局的鄰苯二甲酸脂類物質檢測報告。在此之前，也就是五個月前，台灣爆發食品、飲料含塑化劑事件，令台灣生產的運動飲料、果汁、茶飲料、果醬、膠澱粉類產品和食品添加劑，進口大陸必須出具檢驗合格證明。[6]（4）在選前幾天，台灣多家大企業老闆積極表態支持九二共識，業別橫跨電子資訊業、製造、交通運輸、零售等產業。依此節奏看來，說它是有計劃的操作應不為過。這些企業主爭相輸誠的對象與其說是國民黨，不如說是共產黨。但不管

6　同上。

如何，投票前三天金溥聰氣定神閒地說，選舉結果會讓民進黨人士跌破眼鏡，看來是有其脈絡可循。

很清楚地，跨過兩岸，正面地，中國政府除了利用中國市場及相對優勢的勞動成本與環境成本餵養台灣大資本家，並透過採購農漁產品讓農漁民感受北京對台灣的實質照顧。負面地，中國政府則是選舉期間，把觀光客暫時中止，一方面提供更多台商返台投票的機位回台灣投票給中國國民黨，另一方面以縮緊中國觀光客讓台灣的旅遊業真實體驗到北京經濟政策緊縮的後果，以致於產生寒蟬效應。中國政府一方面利用經濟利益把台灣牽制在「一個中國」的框架中，另方面透過經濟利益在台灣內部培養親中勢力，逐步抗衡與削弱美國及台灣內部分離主義的影響力。[7]而當大勢底定後，前美國在台協會台北處處長包道格（Doug Paal）配合紅藍立場，選了邊，美國國務院也給了國民黨一些利多的政策。這是典型西瓜偎大邊的現象。

3. 台灣對中國的依賴情境

事實上，自2008年馬執政以來，對中國的經濟開放、政治讓步與外交休兵已造成台灣陷入了扈從中國格局的困境，國際友人對於台灣自己在命運的歸屬上已出現混淆與困擾，從而導致美國學界甚至有「棄台論」的聲音出來。馬英九固誇稱把兩岸關係搞好了，但，現實是，台灣資金大量流入中國，台灣產業空洞化更加嚴重，

---

[7]　黎茗，〈2012總統大選結果與我們的任務〉<http://www.xinmiao.com.hk/0001/20120305.01T.htm>（2013/11/4）。

低下階層的人,生活更加困苦。同時,中國正透過經濟力威脅台灣,影響台灣的政局。在北京策略的操作下,民進黨如果無法堅持,國民黨將面對唇亡齒寒的危險境地。2010 年台灣經濟成長率高達10.82%,確實亮麗。但如此亮麗成績並非國民黨的能力使然,而是對中國戰略與政治讓步所換取的。北京希望透過開放政策將台灣吸納而整編入中國政經體系,終致於統一台灣。是要以經濟讓利,換取台灣政治的讓步。

2012 年總統大選的結果顯示:中國收買大台商,在民進黨投鼠忌器而大眾沉默之下,實際上北京的對台統戰策略,已對台灣達到了點穴效應。當對中國政府的抗議和排斥也不若以往的強勁,形成台灣民眾迫於經濟現實的一種氛圍,這將鼓舞北京更進一步染指。[8]北京的如意算盤是,要營造一個台灣對中國經濟依賴且無可逆轉的兩岸關係新形勢,就算民進黨重新執政都難以改變。[9]過去,民進黨執政期間,台灣政府曾試圖限制兩岸貿易與台商對中國的投資,但最後都無法達成預期的目標,只能事後追認事實與改變政策,反而傷害政府的威信,造成台商與政府的對立,甚至損害台灣經濟發展的契機。[10]如今,北京對台灣選舉的介入將逐漸加大,操作籌碼也逐漸增多,全面針對台灣大企業、中小台商、台生、媒體與親中團體進行收編,籌組親中統治聯盟,一方面全面壓制民進黨生存發展,另方面則制約國民黨發展方向。[11]共產黨既與國民黨打

8　同上。
9　台灣智庫主權及國際組,《現階段台灣對中國政策的新戰略思考》,http://www.taiwanthinktank.org/page/chinese_attachment_3/2352/05_3.pdf。
10　同上。
11　同上。

交道，也跳過國民黨，直接與台灣普羅大眾接觸與對話：全方位的入島、入戶，乃至於入心。北京要不斷加大經濟對台吸納的戰略部署，至少現階段完成「反獨」政治目標，為其完成統一大業逐步奠下有利的經濟社會基礎。[12]最終，北京會期待以香港主權轉移的操作模式來處理台灣的回歸。

4. 台灣益趨編入中國體系

　　兩岸於 2010 年 6 月 29 日在重慶簽訂第一次協議，後續協商自此展開。當時即預料簽署 ECFA 之後兩岸經貿關係會更緊密。中國商務部公佈，2010 年中國與台灣貿易額達 1453.7 億美元，比 2009 年大幅上升 36.9%。其中，中國對台灣出口為 296.8 億美元，同比上升 44.8%；中國自台灣進口為 1156.9 億美元，同比上升 35.0%。此外，中國批准台商投資項目 3072 個，同比增長 20.2%，實際使用台資金額 24.8 億美元，同比增長 31.7%。可以說，對中國之貿易與投資雙雙大幅成長。另，中共 17 屆五中全會中審議「十二五」計劃，將兩岸經濟合作納入。而一般以為，一旦「以中國為工廠」轉為「以中國為市場」成真，將提供台商轉型升級的契機。而「十二五」提出 7 大戰略性新興產業，包括新能源、節能環保、電動汽車、生物育種、新醫藥、新材料及新一代信息技術等，與台灣正在推動的六大新興產業及新興智慧型產業有很多重疊及相容之處，雙方應有很大的合作空間。人員交流方面，2010 年 1 至 11 月，台灣

12　同上。

居民到大陸 468 萬人次,同比增長 13.6%。中國居民赴台 149 萬人次,同比增長 69.6%。中國各省區市居民赴台旅遊全面開放,中國已成為台灣旅遊業第一大客源地。與此同時,兩岸文教交流邁出新步伐,大型文化交流活動不斷舉辦。

兩岸 ECFA 的簽署降低了現有兩岸經貿交流成本。中國的「十二五」規畫為兩岸經濟合作創造了廣闊的空間,也為台商在中國發展提供巨大商機。其情況類似:ECFA 開了兩岸資源更快速流動的渠道,而十二五計劃則是在中國那端鑿開了一個大的蓄水池,以吸引著台商的資源更往中國傾倒。中國將台灣納入其宏觀的經建政策,已初見成效。

台灣經濟更進一步向中傾斜,使得台灣在政治上遠離中國的能力在下滑。無獨有偶。馬政府在外交上倡言以外交休兵開啟「活路模式」。馬英九宣稱不和中國在邦交國數惡性競爭,希望透過外交休兵,避免與中國出現衝撞或爭論,以期待台灣在實質議題上回到世界應有的分工位置。準此,馬英九雖宣稱中華民國主權獨立,但對於台灣的外交空間透過與中國協商出來的作法,並不持異議。這種思維與胡六點所標舉的處理台灣國際活動空間的原則,乃若符合節。2010 年 6 月 29 日 ECFA 簽署之後,國台辦主任王毅在渝州賓館會見江丙坤時曾說:「對於台灣基於經濟的需要,與其他國家建立經濟關係是可以理解的;我們的原則是:合情合理對待,務實妥善處理。」以及「此事涉及台灣的國際活動空間等複雜政治問題,尤其,所有與大陸建交的國家都公開承諾奉行『一個中國』原則,這些都是必須面對的客觀國際現實。」王毅的談話說明了兩點:(1)台灣的國際空間要經過雙方的協商。(2)依外交準則,與台灣無邦

交國的那些國家，會自我節制。準此，台灣的國際生存空間只能是北京給的，並在北京設定的框框而活動。

　　從中國的角度來看，北京近幾年來高唱和平發展，在國際上已取得一定的進展。其正面回應馬英九外交休兵的意義在於：（1）維持國際上和平形象；（2）收攬台灣人心，壓制台獨勢力；（3）以便專心處理內部事務。對於北京而言，只要「反獨」得以牢牢固住，促統可以慢慢來；國民黨執政勝於民進黨執政。沒有台灣的烽火外交的刺激，北京可以專心於其長遠的政策佈局。因此，單從可獲致的實質內涵而言，北京確實可在馬政府所釋放的活路模式或外交休兵獲取其所欲得的實質利益。同樣地，馬英九政府也有所獲，但相對來說，卻是邊緣的利益。

　　很明顯地，馬英九的開放政策已誘發北京更傾向「軟的更軟，硬的更硬」的統戰手法。胡「六點」全方位對台「六路」大軍在國民黨的門戶大開政策下，已長驅直入台灣境內，進入巷戰。此舉已引來周邊勢力尤其美日的嚴重關切。在國民黨的執政下，兩岸已走到共產黨所要的戰略軌道上，如果繼續走下去勢必會威脅到美國的利益。美國對於國民黨與共產黨跳過美國直接大規模而綿密的交往，已有不安的聲音。畢竟，美國對中國始終沒有放棄「圍合」戰略。「圍」是藉由第一、二島鍊在民主與安全上對中國的圍堵，「合」是藉由經貿與中國積極交往。而以當前中國的崛起的態勢看來，美國固期待與中國在經濟交往上保持目前的態勢，但會在經濟安全、軍事安全上加強對中國的圍堵。一旦美國在亞洲的主要盟友日本受傷後，台灣是否成為美國所青睞的補充，值得關注。面對美中兩強競逐，台灣如何選邊與表態，動見觀瞻，也會微妙地牽動台灣的切

身利益。長期看，台灣是否終究會淪為中國的一部份或附庸，美國
必然有高度的不安。畢竟台灣在地緣上身處防止中國外擴的第一島
鏈的中心位置。台灣如被統一，中國即可跨過台灣海峽，突破第一
島鏈，屆時，中國的區域支配力更強。美國在亞太的立足根基必然
受到嚴重的侵蝕。執政的國民黨是否足以承載作為「美中關係」的
平衡器角色，值得進一步觀察。

國民黨扈從中國的機會與風險：
2012-2016

一、國民黨的兩岸政策與進程

國民黨主張兩岸終極統一，因此，支持國民黨理念的通常傾向採用雙贏的觀點在看待兩岸關係；相反地，支持民進黨理念者則通常採零和論。國民黨相信兩岸關係是互賴的，透過交流與規則的建立，最終會走向圓滿的雙贏局面；民進黨則認為兩岸關係是一種零和格局，過多的交流，會讓弱勢的台灣這一方對中國更形依賴，終會危及台灣的安全，乃至於主權的獨立。

在蔣介石的漢賊不兩立、蔣經國的「不接觸、不妥協、不談判」三不政策後，國統綱領成為國民黨在 1990 年代開展兩岸關係的指導藍圖。這份文件於 1991 年 2 月 23 日國統會第三次會議提出，並於 3 月 14 日獲行政院第 2223 次會議通過（維基百科，2008）。國統綱領開宗明義是要建立「民主、自由、均富的中國」。

　　國統綱領實踐的過程分三個階段來達成[1]，即近程－互惠交流
階段；中程－互信合作階段；遠程－協商統一階段。近程強調良性
互動，從而擴大交流；中程則大三通的開啟以及對等官方管道與機
制的建立；遠程則共商統一大業，建立民主、自由、均富的中國。
在該文獻中，充滿交流、互惠、互信、合作、和平，乃至於共商統
一大業等字眼，很明顯地，國統綱領是一種功能論的思維典範，其
最終要演化至兩岸統一的境界。不過，2000 年主張台灣獨立的民
進黨獲得政權，此一發展遭到中挫。2006 年 2 月 27 日時任總統的
陳水扁更宣布「終止適用」（cease to apply）。一直到 2008 年國民
黨重新執政，現任總統馬英九迄今尚未恢復實施。不過，國民黨個
官方網站明白地載明，其中國政策為「創造雙贏，開展互利互惠的
兩岸關係」，其內容則與國統綱領的中程階段頗為吻合的。[2]

---

[1] 國統綱領三個階段的進程：
　1.近程（互惠交流階段）：（1）以交流促進瞭解，以互惠化解敵意；在交流中不危
　　及對方的安全與安定，在互惠中不否定對方為政治實體，以建立良性互動關係。
　　（2）建立兩岸交流秩序，制訂交流規範，設立中介機構，以維護兩岸人民權益；
　　逐步放寬各項限制，擴大兩岸民間交流，以促進雙方社會繁榮。（3）在國家統一
　　的目標下，為增進兩岸人民福祉：大陸地區應積極推動經濟改革，逐步開放輿論，
　　實行民主法治；台灣地區則應加速憲政改革，推動國家建設，建立均富社會。（4）
　　兩岸應摒除敵對狀態，並在一個中國的原則下，以和平方式解決一切爭端，在國
　　際間相互尊重，互不排斥，以利進入互信合作階段。
　2.中程（互信合作階段）：（1）兩岸應建立對等的官方溝通管道。（2）開放兩岸直
　　接通郵、通航、通商，共同開發大陸東南沿海地區，並逐步向其他地區推展，以
　　縮短兩岸人民生活差距。（3）兩岸應協力互助，參加國際組織與活動。（4）推動
　　兩岸高層人士互訪，以創造協商統一的有利條件。
　3.遠程（協商統一階段）：成立兩岸統一協商機構，依據兩岸人民意願，秉持政治
　　民主、經濟自由、社會公平及軍隊國家化的原則，共商統一大業，研訂憲政體制，
　　以建立民主、自由、均富的中國。
[2] 「創造雙贏，開展互利互惠的兩岸關係」的六點政策：
　1.持續推動兩岸交流，落實「連胡五項願景」，促進台海永久和平。

二、馬英九的大陸政策之理論與實踐

　　馬英九於 1990 年任國家統一委員會研究員。1991 年升任陸委
會副主委兼發言人。當年馬英九曾全程參與了研擬《國統綱領》及
國統會關於「一個中國」涵義的工作。而「關於一個中國的涵義」,
邱進益與施啟揚、宋心濂等人是小組的核心成員,馬英九則是這個
小組的執行秘書。1992 年 10 月底兩岸在香港的會談,根據前海基
會副董事長邱進益先生的口述,台灣和大陸各提了五個案子,並未
達成共識,後來他和馬英九制訂了「統一過程中,雖均堅持一個中
國原則,但對一個中國的內容、認知有所不同……,但事務性會談
不牽涉一個中國。」的說法後,才換得中國那邊「大陸方面表示
同意、尊重與接受;對於一個中國,雙方各自以口頭表述,而不
用文字表達。」的善意回應。[3]這是台灣方面所謂的「一中各表」
的由來。

　　邱進益又再表示,雖然統一綱領為民進黨所凍結,但以目前
兩岸交流的狀況看,其實已經在統一的過程中了。也因此,當前已
沒有恢復國統會和國統綱領的實質意義了。雖然邱進益認為國統綱

2. 推動兩岸經貿關係正常化,建立兩岸經貿合作機制,保障台商權益,實現兩岸互
利共榮。
3. 促進兩岸文化教育交流,共創中華文化新局。
4. 加強兩岸司法互助機制,落實兩岸共同打擊犯罪,提升人民安全及權益。
5. 推動兩岸環保及綠色能源之開發與合作,協力因應氣候變遷影響。
6. 推動兩岸外交休兵,促進兩岸共同參與國際組織活動。

3　周怡倫,〈邱進益揭密兩岸:與馬英九制定歷史性文字〉《中國評論新聞網》。2012 年
11 月 2 日<http://www.chinareviewnews.com/doc/1022/8/7/9/102287957.
html?coluid=1&kindid=0&docid=102287957>（2013/11/4）。

領是保障台灣安全的安全閥，但他也說，現階段實務而言，已經正在做統一了，故安全閥的意義不大。[4]差別在於，以前是利用國統綱領拖延統一，現在則設機制來拖延。目前共產黨與國民黨關係的發展，碰到瓶頸，也因此，對共產黨與國民黨而言，統一目前仍不成熟，但要確保不被台灣獨立所干擾。國共分別對於民進黨的觀感與定位固有差異，卻同樣認定其為是「統一」進程的障礙。就某種意義而言，國民黨與民進黨之間，表面上看似政黨競爭，實質上卻是處於一種「非統即獨」的「敵對」關係。而共產黨與國民黨表面上看似敵對，實質上卻是邁向統一過程中的一種「競爭」關係。套用中共的術語：紅藍之間的矛盾是「人民之間的矛盾」而紅藍和綠的則是「敵我關係的矛盾」或用策略的術語來說，在終極統一的議題上，國民黨暨共產黨和民進黨的關係是零和的，是衝突論的。

而實際上說來，馬英九在 2012 年 11 月 3 日的國民黨第 18 屆第四次中評會中，曾表示未來三年多的任期內的三大政策是：「擴大和深化兩岸交流」、「兩岸兩會互設辦事機構」、「通盤檢討修正兩岸人民關係條例」。[5]順此政策重點而下，未來馬政府勢將加快 ECFA 的協商之完成、增加陸生與陸客來台等等措施，乃至於討論中的開展兩岸互設辦事處。然而順著北京擴大兩岸大交流的戰略趨勢走，馬英九對於中華民國的主權立場雖然尚可謂不失堅持，在論

---

4 同上。

5 倪鴻祥，〈馬英九提出未來三年兩岸政策三大重點〉《中國評論新聞網》。2012 年，11 月 3 日<http://www.chinareviewnews.com/crn-webapp/doc/docDetail CNML.jsp?coluid=98&kindid=2992&docid=102290885）（2013/11/4）。

述上，卻處於不斷退讓之中。馬英九此作為可以在下列的例證中找到軌跡：

　　2012 年 7 月 28-29 日中國全國政協主席賈慶林在哈爾濱舉辦的國共兩黨第八屆兩岸經貿文化論壇開幕時表示，「一個中國框架的核心是大陸和台灣同屬一個國家，兩岸關係不是國與國的關係」。然此話一出，與會的國民黨榮譽主席吳伯雄在致詞卻說「今年三月他與中共總書記胡錦會談時，雙方都堅持九二共識、反台獨，而反台獨是國民黨長年不變的理念。」吳伯雄的講話顯現了國共雙方都主張一個中國，但對一中內涵的看法不同。吳伯雄拐個彎講話顯然是急智地試圖用胡錦濤來壓賈慶林，間接否認「一國」的說法。而儘管吳伯雄四兩撥千金，卻也達到了既不傷和氣，也不失其政黨利益地脫困。但 2013 年 6 月 13 日在吳習會後上，國民黨的新聞稿的調性便有大的轉變：「兩岸各自的法律、體制都主張一個中國原則，都用一個中國架構來定位兩岸關係，而非國與國的關係。」眾人皆知，「架構」和「框架」是同一概念的不同說法，英文都叫「Framework」。而且新聞稿通篇未提「各自表述」。顯然，國共已正式公開承認雙方的政治基礎是「一個中國」。吳習會終於達成北京引頸期盼二十餘載所未能獲得的戰略勝利，國共正式接軌。而當我們進一步再回頭檢視 2 月 27 日國台辦發言人范麗青的發言，我們便可得知，吳伯雄上述所講的那句話正是一字不漏地重述自連習會時連戰的說詞。由此可見，吳伯雄此行無它，不過是去重述連戰 2 月 25 日在習近平面前所講的話，是一次弭平馬習嫌隙的修補之旅。

然，國共關係為什麼需要修補？理由是，馬英九想留名歷史，更需要解決眼前國內低迷的支持率。由於他自第二任來民調長時間不振，因此他所最重視的兩岸關係，如果能為他扳回頹勢，就需要中國方面的配合。馬為了往後在位這兩年半能持續得到北京的加持，那麼，吳伯雄的修補是必要的舉措。不管如何，檢視馬英九當年所參與制定的國統綱領的進程來看，我們將發現，馬英九所指第二任期內將放在「擴大和深化兩岸交流」、「兩岸兩會互設辦事機構」、「通盤檢討修正兩岸人民關係條例」等三大政策來看，顯然是落在國統綱領的中程階段。馬英九在 2012 年總統大選前也承諾，未來四年他將堅守「九二共識」、「一中各表」，維持兩岸「不統、不獨、不武」[6]。不過以接受一中架構來修補兩岸關係的結果，使得「一中各表」的戰略價值逐漸消失。2016 年的總統大選，如果國民黨仍繼續執政，那麼，其後繼者所擁有的戰略空間將更為狹窄。

三、馬英九對內外所開展的戰略佈局

馬英九採取的對外戰略是他自己所宣稱的多贏策略，也就是：不挑戰中國、國際社會所認同的秩序。他所強調的外交休兵是：不直接挑戰與衝撞最困難的聯合國本身，也不給美國添亂，但不會放棄從多邊或雙邊方式繼續努力的可能性。而策略改變是為了換取參與聯合國專門機構及重要國際公約的簽署，例如國際民用航空組

6　中評社，〈馬英九：未來四年　堅持不統不獨不武〉《中國評論新聞網》。2012 年 1 月 25 日 <http://www.chinareviewnews.com/doc/1019/9/0/2/101990227. html?coluid=98&kindid=2991&docid=101990227&mdate=0129004332>（2013/ 11/4）。

織、國際海事組織、聯合國氣候變化框架公約等。國統綱領中程階段有提及「兩岸應協力互助，參加國際組織與活動」，在目前國民黨的官方網站也載明推動「兩岸外交休兵，促進兩岸共同參與國際組織活動」。這一點正好呼應了「胡六點」其中之一的「維護國家主權，協商對外事務」。差別的是，國民黨要的是雙向，共產黨則是單向的，是中國和台灣來共同處理台灣的國際生存空間。不過，在策略的關係上，皆強調雙贏的格局，而非零和賽局。但馬英九處理兩岸關係，在內部則權力一把抓，堅守九二共識，不尋求與民進黨協商，以避免徒增困擾，橫生枝節，其所採取的是衝突論的「零和」策略，茲分述如下：

1. 對內部

　　邱進益表示，他曾呼籲馬英九團隊，兩岸問題的終極解決，台灣內部共識的建立，一定要有民進黨的參與，但實在不懂，為什麼馬英九不讓民進黨參與大陸事務？有立委提議在立法院成立兩岸事務委員會，但馬英九始終沒答應，也沒同意。把大陸事務放在內政委員會，實在沒什麼道理。[7]本文猜測，馬英九想要獨攬，並不想民主參與，另外也怕民進黨添亂。而與北京相互做多，製造兩岸榮景，各取所需，納民進黨進來，增加雜音，會干擾進度。而讓民進黨在外，民進黨被迫只能扮黑臉，而民進黨扮黑臉，反而有助於國民黨在與共產黨討價還價時，提供一道剎車皮。從策略上來說，

---

[7]　周怡倫，2012。

國民黨需要民進黨更堅定的獨立立場，如此，可讓國民黨壟斷兩岸和平發展的專有權。至於馬英九的心腹陸委會主委王郁琦在謝長廷訪中回來後，拜會謝長廷，也是經典之作。它既可裂解民進黨大老間的關係，擴大矛盾，並迫使民進黨內基本教義派更反中，導致民共互動更形困難，同時，由部長級的王郁琦去見曾經擔任民進黨黨主席的謝長廷，位階形同中國國台辦見謝長廷，是下駟對上駟，可達矮化民進黨格調之效。另有趣而值得推敲的是，在國統綱領的中程階段有「推動兩岸高層人士互訪，以創造協商統一的有利條件」這一項。馬英九可能不希望別人走在前頭。馬英九試圖擺開民進黨、矮化謝長廷，不僅如此，他的團隊對於 2013 年 2 月連戰赴北京拜訪即將卸任的胡錦濤與繼任的習近平，搶了馬的鋒頭，也炮火全開。

　　2 月 25 日連戰與習近平會面時提到「一個中國、兩岸和平、互利融合、振興中華」的十六字箴言。總統府於 28 日做出不以為然的回應，認為連戰的四句話拆開來分散在交談中不同的段落，和集中在一起形成「十六字箴言」，外界的觀感與解讀顯然是不同的。[8]接著，3 月 1 日總統府發言人李佳霏對媒體表示，「兩岸政策沒有任何改變，國民黨榮譽主席連戰訪陸期間對中國大陸領導人提出的『十六字箴言』，從來沒有向馬總統提到過。」，她說，「兩岸關係敏感且複雜，對外界所提疑問、疑慮，府方不得不出來跟大家說清楚。」連戰辦公室主任丁遠超則反批，「馬、連二人有兩代情

8　王鼎鈞 a。2013。〈幕後／連戰、馬英九為十六字箴言馭火？總統府細說分明〉《今日新聞》。3 月 1 日<http://www.nownews.com/2013/03/01/301-2908097.htm）（2013/11/4）。

誼，關係不會受挑撥；但發言系統未依據正確事實就做不當批評，切割連、馬關係，支持馬的人都走光了，實在太可惜。」[9]由這些對話的脈絡來推敲，兩岸議題為馬英九擅長議題之首，不大可能在狀況外，任由幕僚發揮；幕僚也應無此膽量擅作主張。而2005年連戰訪胡錦濤，出盡鋒頭，但畢竟當時國民黨是在野，且初次作為，風險難估，但現在馬握政權，中國又是新君登基，其歷史性意義自然是不同，是否因為這樣而遭到總統府連續幾波火力四射的否定？或者是否馬英九想獨攬兩岸關係，不希望連戰在兩岸領導人見面的議題上，搶盡風頭？事實上，在連習會後不久，也就是6月13日的吳習會後，習近平表示對馬英九有更深的瞭解，賓主盡歡。由此看來，藉批連而拉回兩岸關係台灣最高發言權，應是馬英九的主要目的。

2. 對中國

2008年三月在台灣的總統大選中，代表國民黨參選的馬英九勝出，兩岸政策全盤改變。馬英九於當年七月開啟兩岸大三通，兩岸關係的演化進程乃更進一步開展。2008年12月31日胡錦濤在紀念《告台灣同胞書》三十周年的場合，發表了《攜手推動兩岸關係和平發展，同心實現中華民族偉大復興》的公開講話，清楚地提出了六點對台政策方針（簡稱「胡六點」）。而馬英九在第一任期內的對大陸政策的作為，不難看出胡錦濤提議而馬英九呼應的軌跡，

9　王鼎鈞 b。2013。〈馬英九、連戰因十六字箴言駁火？李佳霏：謝謝長輩的指教〉《Yahoo奇摩新聞網》。3月1日<http://tw.news.yahoo.com）（2013/11/4）。

茲對照如下:(1)政治上:胡主張「恪守一個中國、增進政治互信」,馬則接受「九二共識」,主張「一個中國,各自表述」;(2)經濟上:胡主張「推進經濟合作,促進共同發展」,馬則以開放三通直航與簽署兩岸經貿合作協議配合;(3)文化上:胡主張「弘揚中華文化,加強精神紐帶」,馬則積極深化兩岸文化交流並做出刪除教科書中的台獨色彩等動作;(4)社會上:胡主張「加強人員往來,擴大各界交流」,馬則以「放寬陸生、陸配來台」、「通盤檢討與修正兩岸人民關係條例」、「兩會互設辦事處」等積極回應;(5)外交上:胡主張「維護國家主權,協商對外事務」,馬則以「外交休兵」以及以「與大陸協商台灣參與國際活動空間」回應之;(6)在軍事上,胡主張「結束敵對狀態,達成和平協議」,馬則改變過去「境外決戰」為「固守防禦」的消極作為。

　　馬英九雖堅持中華民國主權,但其作為似乎比較放在「一中各表」的強調,而「一中各表」的強調則比較是放在「兩岸」層面而非「國際」層面。在國際層面上,很清楚地,馬英九表達了不與北京爭鋒的姿態。馬政府積極宣導休兵策略,避鋒芒以求和,不再與中國爭奪邦交國,而只求維持已有的邦交國數目。而外交休兵後,為了輸誠,馬宣稱「不反對大陸與台灣邦交國發展經貿文化關係」。馬也大幅簡化出訪形式與縮減出訪費用等。在中國大事推動金錢外交之際,台灣則強調外交經費透明化,2013 年外交部的機密預算編機密預算 9 億 807 萬 5 千元,遠遠不及民進黨執政時期平均 49.6 億的數字。美其名,高度透明化、符於法治,但以中國外交預算不透明,而又是極強勁的對手的狀況下,台灣尋求機密預算高度透明化,無乃將使台北更居劣勢,台北與北京週旋的策略運作空間,更

加限縮。而《東海和平倡議》所提議的「兩岸」這一軌對話，實際上與 2008 年 12 月 31 日「胡六點」中「要探討兩岸經濟共同發展與亞太區域經濟合作機制相銜接的可行途徑」的主張，以及北京力推兩岸在釣漁台與南海問題共同合作的可能性，並無違反。即便沒有「共同合作之名」，然一旦架起對話管道，便有合作之實了。

很明顯地，馬英九的對中作為和胡錦濤的對台政策，乃若合符節。從 2008 年 5 月馬英九總統上台以來，在配合北京堅持九二共識與反台獨的作為上，全力推動兩岸大交流，兩岸關係發展神速。在兩岸直航、簽署兩岸經貿合作架構協議、台灣出席亞太經濟合作會議、世界衛生大會等等諸多議題上，北京對馬英九的支持，毫不吝予；馬英九對於北京也敬之甚恭。國共關係如膠似漆。而「胡六點」的對台六點方針已基本上布局完成，差別的指示政、經、文、社、外、軍各層面所達到的深度與廣度有所差異而已。

惟自 2010 年後半，馬英九在北京後續索求的配合度上出現了遲疑與搖擺。國共關係出現嫌隙，進入所謂的「深水區」。對於那些被稱為深水區的課題，馬政府的高層官員們從不否定，只是或技術性推託，或認為時機不宜或認為條件不充份。至少有下列例證可鑑：（1）2010 年九月中方提議簽署《兩岸文化交流協議》，馬政府則用研議互設官方辦事處的可能性來添增障礙因素，畢竟，互設辦事處有來自某些商界的壓力，但與主權象徵的領事議題尚有待克服；（2）北京一向對於公民投票十分敏感，2011 年 10 月 20 日馬英九在記者會上卻表示，「如果未來要推動兩岸和平協議，一定會先交付人民公投，公投沒有過，我們就不會推動簽署兩岸和平協議。」（3）2012 年 9 月因為日本釣魚台國有化行動引來中國全面

的反日運動以來，北京期待兩岸聯手抗日的呼籲四啟，對於與越南和菲律賓在南海議題上的衝突，北京也希望兩岸有一致的立場，但馬政府皆加以迴避，甚至在 2013 年 4 月 10 日，也就是第 17 次台日漁業會談上完成了台日漁業協議的簽署。北京有情何以堪之慨；（4）2012 年 11 月 8 日中共召開十八大，在此之前，也就是 11 月 2 日馬英九在總統府採受亞洲週刊的獨家專訪，評論中共十八大召開後的兩岸關係時論道，「去年已將兩岸和平協議的想法納入『黃金十年』規劃，但由於許多民眾仍有疑慮，因此雖然兩岸和平、共榮目標不變，但是否需要此一形式，仍有商榷餘地。」

由於和平協議一直是北京所關切者，馬英九的說法無疑是給予《十八大政治報告》這篇由習近平操刀而胡錦濤宣讀的歷史性作品，提前潑一盆冷水。但北京對於馬英九刻意而主動的發言，一直隱忍到十八大開幕的第二天，才由官方喉舌《人民日報》海外版，加以回應，文章批評馬英九兩岸政策過於退縮，至於其 11 月 3 日主持國民黨中評會時所提出未來三年的三大重點擴大和深化兩岸交流、兩岸兩會互設辦事機構以及通盤檢討修正兩岸關係條例——方向雖正確，但卻缺乏高度與格局，太細節而缺乏戰略意義。接著，11 月 11 日中國商務部長陳德銘在十八大記者會論道，希望台灣給中國「世貿組織成員間的最惠國待遇」，暗示中方無意對台灣繼續讓利，以後原本被台灣管制與禁止進口的二千多種大陸農業與工業產品，將被要求開放。同時，有關台灣希望和周邊國家簽署自由貿易協定並加入 TPP，應遵循「一個國家情況下，幾個關稅區」概念。陳德銘軟中帶硬的語調，被懷疑是來自北京高層對馬英九的不悅。事實上，換個角度看，與其說是深水區，實不如說是，在馬英九認

知的國統綱領進程中，遠程階段還未到時候罷了。而中方的抱怨一直要到 6 月 13 日的吳習會，吳伯雄代表馬英九接受「一個中國的架構」之後，才有所紓解與釋放。

3. 對美國

在「親美、和中」這個政策理念下，馬英九一方面尋求和平的兩岸經貿關係，另方面則尋求美國的安全承諾。2012 年台灣總統選舉期間，馬英九大打兩岸經濟牌，也默默接受中國在選舉支持的惠施，但勝選當晚的感言卻出人意表地喊出要加入美國總統歐巴馬所倡議的泛太平洋戰略經濟夥伴關係協議。很明顯，這是先向中傾，再向美移動的做法。2012 年九月上旬，馬英九以中華民國總統的身分，在彭佳嶼主張以擱置主權爭議、共同開發資源的原則，透過「三組雙邊」（中日、台日、台中）到「一組三邊」共同解決釣魚台的主權爭議問題，也就是所謂的「東海和平倡議」。經過一陣子沉澱，美國前副國務卿阿米塔其（Richard Armitage）終於給了正面的肯定：「馬英九的東海和平倡議，強調主權無法分享時，資源得以共用的一種選擇出路。」[10]究實而言，以台灣的國際地位與身分，《東海和平倡議》的提出並無實質影響力，但至少是表達了美國所要的和平籲求，終究比起保釣人士的訴求討好。

---

[10] CAN. "Ma's peace initiative the only actual attempt to solve islet row: Armitage," February27,2013. http://www.chinapost.com.tw/taiwan/foreign-affairs/2013/02/27/371470/Mas-peace.htm (2013/11/4)

　　事實上，在釣魚台議題上，綠營曾質疑馬政府暗中聯合中國的事證，如：馬政府下令海巡署派船艦去保護拿著五星旗的香港保釣人士；香港保釣人士被日本警方抓走後，台方外交部人員要求放人，向日本政府抗議；在兩波保釣行動中，中國先行、台灣在後，似有默契；而 2003 年 1 月 22 日海巡署船艦到釣魚台、中國海監船在旁邊，台方與日本海上保安廳船艦發生摩擦。美方則有媒體指出，馬英九上台後許多親中的作為，讓美國對台出售武器時存有戒心，而大批台灣退役將領與中國解放軍將領密切的往來，甚至宣稱兩岸軍隊都是中國軍的說法，都另美國側目與關切。[11]此外，馬英九政府多次派出海巡署艦艇到釣魚台海域與日本針鋒相對，也被認為加深了美國對台灣的不信任。為此，包括馬英九本人在內多次向美國保證不會與中國聯手，並向到訪的美國眾議院成員再度表達請美國軍售台灣潛艦的期盼。[12]馬英九顯然試圖將兩岸關係再由內往外拉。也就是前述先向中傾，再向美移動的手法策略，如出一轍。

　　2012 年 12 月 1 日，深受馬英九信任的金溥聰赴美國華府擔任代表，可見美國的重要性。2013 年 2 月 3 日，金溥聰對法新社強調，台灣需要美國的強力支持，但也須審慎處理和中國的關係，因為現在中國是台灣最大的貿易夥伴。而台、美和中國間的關係維持「戰略模糊」，是台灣最佳的防護罩。他提到，他所說的話或可代

[11] AFP. "US concerned about Taiwan ex-generals' China visits: report," August 30, 2010 http://www.google.com/hostednews/afp/article/ALeqM5gjPeOu IsXVMc3XuBq33qgWjgmaSw (2013/11/4)

[12] 閻光濤。〈釣魚台／綠高層：馬宣示兩岸不聯手保釣　因應外在施壓〉《新浪新聞網》。《中央日報》。2013 年 2 月 22 日<http://news.sina.com.tw/article/20130222/9018139.html> (2013/11/4)。

表他（馬英九）未來的想法。他期待美國售台 F-22 或 F-35 戰鬥機以及潛艦，以顯示美國強力支持台灣，並說，他的任務是要以低調、務實的方式，重建華府的信任。[13] 由上述馬英九一路來的軌跡查看可歸納出：對內，馬英九始終堅持「一中即是中華民國」，而對外，則採取安全上向美國靠攏，經貿上積極與中國整合的作法。而這一策略特色如果放在國統綱領的中程階段的脈絡，將可以更清楚理解其策略涵義。同時，明顯地，在馬的認知中，國統綱領的進程中，有關政治談判不可能沒有美國因素的存在。

四、北京對馬英九政策作為的回應

北京回應國民黨的策略基本上是：一方面限縮任何搞「兩個中國」、「一中一台」的國際空間的企圖，另方面又要考慮照顧到台灣作為特殊實體參與國際事務的合理而有效的空間，更要始終堅持兩岸統一、主權完整的終極目標；既要考慮到歷史的延續性和台灣民眾的心理承受力，又要考慮到台灣政黨輪替所帶來的情勢變化。但依國共雙方交往的時程看來，此刻已瀕臨深水區。國民黨如不願涉入深水區，北京可能不願再忍讓而見到台灣實質空間的拓展。中國評論社論道：「即使是馬英九所說的擴大招收大陸學生部份，也只是戰術性的，缺乏戰略性的眼光。馬政府倘真的有擴大及深化兩岸交流的想法，就應促成兩岸『文化 ECFA』，協議盡早進行協商及簽署。本來，這一議題還是台灣方面首次提出來的，馬英九的老友

13　中時國際新聞中心，2013。

劉兆玄出任中華文化總會會長時，就曾率先提出此訴求，而大陸方面也熱烈響應。但不知為何，後來卻是偃旗息鼓了，難道是擔心大陸會藉此對台灣進行『文化統戰』乎？」[14]中方對馬英九的政策力度與進度不夠，顯然是很不滿的。

2013 年 2 月 18 日，媒體報導海協會前常務副會長唐樹備對外放話表示，「當然統一還需時間，這個方向是肯定的，但假如兩岸無限期的不統一，就是違背了九二共識。」[15]資深涉台研究員李家泉也為文：「突破兩岸關係的『深水區』，當前最重要的應從簽訂兩岸和平協議開始」；「目前兩岸關係雖然很好，但是人們的心裏總是不踏實。民進黨人死抱著『台獨黨綱』不放，天天拿著主權大棒，提著紅帽子，動不動就整人，攪得人心不安；而藍營內部對於馬英九在簽署和平協議的態度上，也時此時彼，搖擺不定」；「兩岸的和平，乃至和平的常態化和制度化，不能沒有靈魂，不能只是和平的長期化，而沒有終極的目標，亦即只有過程而沒有目的，那就是為和平而和平」；「兩岸簽署和平協議以後，中國大陸可以不必再針對台灣作軍事部署了，兩岸軍隊將成為友軍，攜手共同捍衛領土主權完整，東海和南海的防衛力量一定會加強，日本右翼勢力不必再癡心妄想來拉攏台灣炒作往日的『中國人鬥中國人、中國人打中國人』

---

[14] 中評社，〈富權：要擴大深化兩岸關係就應有戰略眼光〉《中國評論新聞網》，2012年 10 月 26 日<http://www.chinareviewnews.com/doc/1022/8/2/0/102282050.html?coluid=7&kindid=0&docid=102282050>（2013/11/4）。

[15] 郭玫君，〈唐樹備：兩岸無限期不統一 違背九二共識〉《中時電子報》。2013 年 2 月 18 日<http://news.chinatimes.com/wantdaily/11052101/112013021800173.htm）（2013/11/4）。

了，正所謂『兩岸聯手，人民歡心，朋友開心，敵人死心』。」[16]很顯然，北京方面一直無法去除心中的焦慮，並擔憂國共的「九二共識」會被凍結化，而兩岸關係將停滯不前，而為和平分裂提供機會與條件。

　　2013 年 2 月 25 日連戰與習近平的會面後，所發布的「一個中國、兩岸和平、互利融合、振興中華」被總統府批駁，等於間接給了習近平一巴掌，自然令北京方面對於馬英九產生疑慮與不滿。3 月 3 日《海峽導報》便刊登了特約撰稿人、中國社科院台研所研究員王建民的文章稱，「連戰在大陸發表的有關談話，尤其是提出的『一個中國、兩岸和平、互利融合、振興中華』十六字主張及倡導兩岸政治對話、建構『平衡、對等、有效』的兩岸政治架構，這是非常有遠見的政治主張，大陸方面給予高度肯定。」[17]這應可以視為北京方面對連戰的支持。不難理解，由連戰口中說出「一個中國」，是國民黨高層第一次與北京完全一致的語彙。北京怎願輕易放手？而耐人尋味的是，國民黨榮譽主席吳伯雄於 3 月 3 日與正在台灣訪問的大陸海協會副會長王在希會晤表示，「國民黨堅持和平發展的大法，在南京訂的憲法，這是沒有台獨空間的憲法，一定是『一個中國』的憲法。」「國民黨堅持反台獨、九二共識，這是正確的，雖然是一中的原則要各自表述，有不同的表述，但應該是將

16 李家泉，〈兩岸和平協議 馬英九該考慮了〉《東南網》2013 年 1 月 25 日 http://big5.chinataiwan.org/gate/big5/www.taiwan.cn/xwzx/la/201301/t20130125_3589395.htm（2013/02/19）。

17 多維新聞，〈陸：連戰十六字主張何錯之有？〉《多維新聞網》2013 年 3 月 3 日 <http://taiwan.dwnews.com/big5/news/2013-03-03/59152248.html>（2013/3/4）。

來台灣走下去的一個主流意見。」[18]吳伯雄顯然在為連戰與馬英九
關係進行緩頰與修補,同時,既再度向北京釋出善意,以化解北京
對馬英九可能的疑慮,也再將「一中」拉回「各表」的位置。

　　北京方面對於馬英九的不滿顯然沒有平息。5月1日資深的涉
台專家、前北京聯合大學台研院院長徐博東對媒體表示,「大陸對
台政策應不分藍綠,平等交往,做得對的都支援,做得錯的都反對,
不能讓國民黨和馬英九『吃定』大陸,兩岸關係的和平發展要由國
共民三黨來共同面對和解決。」在中國這種對重大敏感議題講究發
言精確的專制國家,尤其又是習李新體制下,這樣資深而有名望的
涉台學者,談論對台政策,一定有所本,必不可能信口開河。並且
國民黨想必也會接受到這種訊息。接著,5月13日,前美國在台
協會(AIT)理事主席卜睿哲接受《外參》專訪表示,「有些(北
京)學者已經開始抱怨馬英九的意圖,如果北京持續保持一國兩
制,(兩岸)事務可能會卡住,我擔心北京將無法再繼續目前這種
與台灣的共同與普遍勸導的道路,而會轉變為施加更恫嚇、更有壓
力,迫使台灣面對一些台灣還沒準備好的協議。」類似的評論相信
不只來自卜睿哲的管道而已,相信馬英九的團隊也有聽到這種聲音
的其它管道。

　　6月13日,中國國家主席習近平與美國總統歐巴馬的歐習會
落幕,到北京之後,習近平隨即與到訪的國民黨榮譽主席吳伯雄會
面,而根據吳伯雄會後對媒體的轉述,習近平在聽了吳伯雄一番解

---

[18] 王宗銘,〈吳伯雄:國民黨很辛苦　兩岸需耐心〉《中國評論新聞網》2013年3月4
日 <http://www.chinareviewnews.com/doc/1024/5/6/4/102456471.html?
coluid=1&kindid=0&docid=102456471&mdate=0304000435>(2013/3/4)。

釋後，表示對馬英九有更深的瞭解，也澄清了過去認為馬英九在兩岸政策上保守與停滯，甚至可倒退可能的刻板傳言。可見，這是修補關係的一場會議，而結果是賓主盡歡。

吳習會對於國共關係的維繫，相當關鍵。6 月 13 日，吳習會後，國民黨發出的新聞稿強調「兩岸各自的法律、體制都主張一個中國原則，都用一個中國架構來定位兩岸關係，而非國與國的關係。」耐人尋味的是，6 月 13 日吳伯雄講「一個中國架構」時，當天陸委會並未表示反對。一直到吳伯雄 14 日離開北京返回台北，陸委會才於當天發新聞稿說：「基於九二共識、一中各表的原則，『一中就是中華民國』，從來沒有改變過。」然而，馬政府無法自圓其說的是：如果馬英九的「一個中國架構」的「一中」是指「中華民國」，那麼，顯然吳伯雄沒精準傳達馬英九的意思，但為何吳伯雄回來沒有被檢討？而如果王郁琦講的是標準答案，為何不在 13 日當天開記者會澄清，而要等吳伯雄離開北京返回台北之際才敢對外說明？顯然，王郁琦是失職，但也同樣未見檢討或懲處。真相只能有一個。而有趣的是，王郁琦的「一中就是中華民國」之說講出來後，竟也未見北京反駁。因此實會令人高度懷疑：或許吳伯雄與習近平早已套好，並取得一定程度的諒解，也就是，吳習兩人公開達成一個中國的 framework（架構或框架），但為了應付綠營、唬弄民眾，讓王郁琦做事後的補充說法，而這樣子其實也符合北京長期「內外有別」的態度，也就是「對內，可以講『中華民國』；對外，則『中華民國』不存在。」

據此看來，馬英九這一著棋有小贏，北京則是大贏，但無疑地，這是以台灣對自身主權的界定作為代價的。這也是何以綠營

說，大輸的是台灣。而事實上，馬英九如此慷慨的讓步，已將藍營後繼者的戰略空間玩盡。馬英九之後，藍營能迴旋的空間將大幅緊縮，其「一個中國」僅剩下「架構」與「框架」之間的語彙差別。要問：這二字之間能有多大的空隙留給台灣喘息呢？馬英九如此的對中政策完全依於「北京中心說」的戰略設計，那麼，縱使北京能助馬英九贏得 2014 年與 2016 年選舉，藍營最好的結果也只會是：「贏得台灣，輸了天下」。也就是，藍營統治的台灣將只成為北京紅色政權暫時懸掛海外的一個過渡的小朝廷。藍營有識之士如能仔細去探索這一路發展的峰迴路轉，相信必然也會為此感到悲涼而扼腕。

從國共的交流過程看來，中國的政治行為充滿反覆性。中國人講原則，但在所謂的原則之外，卻也最有彈性、權變與馬虎。而彈性空間得以存在，關鍵則在於要有個說法。國民黨善用了這個特質。本文猜測，馬英九喜歡拿民進黨來當幌子，希望在統獨議題上繼續做出足以激發民進黨反中情緒上升的文章，而民進黨更進一步反中將更能突出馬「和中」的形象，然後馬便可藉由一些具體關乎人民即時利益的兩岸交流政策的放鬆，來討好北京，以放緩步入深水區的速度。畢竟，台灣不是中國最關切的議題，只要善意的實質舉措不斷地釋放，北京應是會配合國民黨而延遲涉入深水區的。

五、開展兩岸關係馬英九所面對的挑戰

在台灣的政壇，兩岸關係特別敏感。馬英九在第一任內完成了三通與 ECFA 的簽署，其成果不可謂不豐碩。未料，第二任的開始，

馬卻焦頭爛額於衰退的經濟發展與怨聲載道的民生困境。但和任何政策一樣，兩岸關係的發展，不可能完全按政策制定者的意願而行。尤其在馬英九第一任期內，其志在對扁時期去中國化的政策進行所謂的「撥亂反正」，又配合中國對台政策的全面性開展，因此兩岸交流的力度乃空前未有。就運動的慣性而言，要減速而行，並不容易。對於綠營而言，必須傾全力加以阻擋，對於深藍和共產黨而言，則是意猶未盡，難以滿足。就眼前而言，未來馬英九將難以避開一些嚴峻的挑戰，茲分述如下：

1. 台灣內部政治力的掣肘

短期之內，馬英九得先把心力用來處理包括改善民生問題、提振經濟以及核四存廢等內部問題。其次是開展兩岸政策的機會之窗的問題。2014 年台灣將有七合一的選舉。2016 年將有總統大選。選舉期間，兩岸議題是否能為選舉增加選票，通常是需要謹慎從事的。因此，2013 年與 2015 年離選舉略遠，將成為機會之窗。然縱使馬英九有企圖心於 2013 或 2015 年推動大幅度的兩岸政策，卻也必須考慮即將布局參選的人的需求。而北京固然已於 2013 年三月人事布局完成，依過去經驗，至少會一段時間「胡規習隨」，且北京也正為內部整治與外部國際衝突而自顧不暇。因此，馬英九與習近平能否充分利用 2013 年或 2015 年的空隙時間，做出好的協調，在在考驗彼此的能力與智慧。依經驗判斷，在一段時間之內，要期

望中國會有太大的動作，或有新的對台政策出檯，也許有點不切實際。[19]

　　同時，藍營人士也指出，「馬在第二任期的最後一年，即使不面臨跛腳的問題，好歹也要讓出更大的舞台，讓其繼任人選（不管是吳敦義或朱立倫）有更大的表現空間，兩岸的機會之窗，突破性發展的時間點或許會落在 2013 年的下半年以後，及 2015 年以前。」「就馬英九相對謙和、不太強勢的個性，再加上選舉期間他對台灣民意支持的感受，誓死要捍衛台灣利益的發言考慮進去，坦白的說，他會、能或要走多遠，還真是一個很大的問號。」[20]不僅如此，台灣不斷發生政黨輪替是個不能逆轉的政治現實，藍營人士也承認，兩岸關係也不是國民黨一個政黨所能包辦，共產黨到頭來還是要跟民進黨面對面互動、交流的。想要經由中國國民黨與中國共產黨以黨對黨的方式簽訂兩岸和平協定是不可能被台灣的民主政治體系所接受。[21]

---

[19] 蔡逸儒，〈選後馬英九的兩岸政策〉《中國評論新聞網》2012 年 1 月 25 日<http://www.chinareviewnews.com/doc/1019/9/0/0/101990085_2.html?coluid=7&kindid=0&docid=101990085&mdate=0125153321>（2013/11/4）。

[20] 同上。

[21] 蘇嘉宏。2012。〈兩岸和平協定取向：一些台灣觀點〉《中國評論新聞網》，11 月 30 日（http://www.chinareviewnews.com/doc/1023/1/7/4/102317492.html?coluid=136&kindid=4730&docid=102317492&mdate=1130104724）（2013/11/4）。

2. 中國共產黨對國民黨妥協的決心不夠

從藍營的角度來看，「兩岸關係就是辛亥革命以後，至今仍存續於台灣地區的『中華民國』和『國共內戰以後在大陸地區新建立的中華人民共和國』之間的關係，而這一種『分裂分治』的兩岸關係還遭到長達半個世紀以上冷戰時期的美蘇兩強對立、二元爭霸的國際體系所鞏固。」[22]同時，作為藍營的最高領袖，馬英九也主張「一中各表」的九二共識，在選舉期間亦說過「台灣的前途由台灣兩千三百萬人依『中華民國憲法』所規定的程序來決定。」[23]這些說法到目前都還未能為北京的官方所認可與接受。問題是，將來兩邊進行談判時，如欲以「中華民國」與「中華人民共和國」的名義來簽署，應該會被解讀為「兩個中國」、甚至是「兩國論」，這將與北京所堅持的「一個中國」原則有所乖隔，難為北京所接受。而對話或談判雙方是以何名義或由誰授權進行研究，一樣會突顯出互動主體的問題。這方面，對台灣早已不是問題，但北京尚未見鬆口。北京對於「相互承認」一事有很深的疑慮。[24]

3. 邁入政治談判條件的準備階段

2013 年 10 月 6 日習近平在印尼峇里島 APEC 會議期間，會見了台灣兩岸共同市場基金會榮譽董事長蕭萬長一行時表示，「著眼長遠，兩岸長期存在的政治分歧問題終歸要逐步解決，總不能將這

22　同上。
23　同上。
24　同上。

些問題一代一代傳下去。」上海國際問題研究院研究員周忠菲解讀為，「這顯示大陸希望保持兩岸政治談判勢頭不要停頓。」[25]而接下來，10 月 16 日國台辦發言人范麗青表示，「我們支持和鼓勵兩岸和平論壇繼續發揮兩岸民間政治對話重要平台的作用。」[26]10 月 19 日海峽兩岸關係研究中心副主任李逸舟在一場由北京聯合大學台灣研究院主辦的「兩岸關係研討會」表示，「未來一段時期內，應繼續積極推動民間政治對話，在條件成熟後逐步上升到兩岸官方的政治對話，從而為最終解決兩岸政治難題做好充分、紮實的準備。」[27]由上述的脈絡可以理解，「民間政治對話」將暫時為國共雙方所接受。而事實上，這種方式更早前就有藍營學者坐如此之提議：「透過二軌或其他方式，對與高階政治的相關問題進行深入研究，理解彼此的政策底線、可能的空間和機會，找出妥協、突破的辦法，這才是理性和最可能的做法」。[28]

　　不過，馬英九在 10 月 24 日接受「華盛頓郵報」（The Washington Post）專訪，被問到有關習近平的講話，他辯白說，「我們並沒有刻意不去碰政治問題，但原則是『先急後緩、先易後難、先經後政』；我們並不是只談經濟問題，不碰政治問題，當時機成熟了，有迫切

---

25 〈華媒解讀習蕭會：大陸表現出更為積極進取姿態〉《中國新聞網》，2013 年 10 月 8 日，<http://big5.chinanews.com.cn:89/gate/big5/www.chinanews.com/hb/2013/10-08/5349599.shtml>（2013/11/4）。

26 國台辦，〈鼓勵兩岸和平論壇促進兩岸民間政治對話〉《人民網》，2013 年 10 月 16 日，http://tw.people.com.cn/BIG5/n/2013/1016/c43949-23221349.html（2013/11/4）。

27 陳恆光，〈兩岸/李逸舟：應繼續積極推動民間政治對話〉《中央網路報》，2013 年 10 月 20 日，載於《新浪新聞》，http://news.sina.com.tw/article/20131020/10903612.html（2013/11/4）。

28 蔡逸儒，2012。

性了，也可以提前討論。」[29]他又說，「過去 5 年中，兩岸簽 19 項協議，其中有一些也是政治敏感性很高的協議，例如 2009 年所簽訂的『兩岸共同打擊犯罪及司法互助協議』，涉及雙方公權力及管轄權，當然具有相當高的政治敏感性；協議性質有政治敏感性，但是協議本身是中性的。」同時，「兩岸兩會正在洽談互設機構的協議也一樣，兩岸互設機構的議題具有高度政治敏感性，但是機構本身倒是中性的。」[30]而儘管馬英九如此說，如以國統綱領的遠程階段──「成立兩岸統一協商機構」──的定義來看，顯然，目前已進入遠程目標的準備階段。

　　順著上面的說法看來，總地來說，持國民黨理念的通常傾向雙贏的觀點在看待兩岸關係，相信兩岸關係是互賴的，透過交流與合作，最終會走向圓滿的局面。在國統綱領裡面特別提到「民主、自由、均富的中國」。而撇開追求主權獨立的思維，就現實層面，通往終極統一之主張者，最被挑戰的是，當前互動兩造作為強勢一方的中國，其政治卻是「民主、自由、均富」的最大障礙之所在。當前馬英九所領導的國民黨其政策內涵正處於國統綱領的第二階段，而其挑戰在於，如何遊說共產黨停格於此，而等待中國自身質變往「民主、自由、均富的中國」轉變後，再進一步推進？如無法獲保證，兩岸關係的演化，便難以朝國民黨所設定的方向而行，那

---

[29] 李淑華，〈兩岸議題 總統：未避政治問題〉《中央社》，2013 年 10 月 25 日，載於《新浪新聞》，<http://news.sina.com.tw/article/20131025/10952391.html>（2013/11/4）。

[30] 李淑華，〈兩岸議題 總統：未避政治問題〉《中央社》，2013 年 10 月 25 日，載於《新浪新聞》，<http://news.sina.com.tw/article/20131025/10952391.html>（2013/11/4）。

麼，國民黨將何以說服其追隨者或中間選民？而一旦兩岸的發展是偏離國民黨所設定的「民主、自由、均富」的理想，繼續交往下去，便是國民黨的失敗，國民黨又如何立足台灣的政壇？很顯然，當前國民黨處在一進退維谷的處境：一方面，不敢用力往國統綱領的遠程階段推進，推下去，將立即宣告其政治理想的幻滅；另方面，無法說服北京，令其願意讓兩岸關係凍結於現狀，而等待中國有能力通往「民主、自由、均富」理想的那天的到來。現實是，北京已對馬英九的「不統、不獨、不武」的「不統」感到不耐。不只是歷史任務的考量，北京準備出海，走向海洋，由防禦轉為攻勢的企圖心，由來已久[31]，但來自美日和其他周邊國家的阻力越來越強，北京將如何抑制對於收復台灣的慾望？當前，深藍如新同盟會會長許歷農等積極建議馬英九恢復「國統會」和「國統綱領」，看來多半出於意識形態或情感的考量，殊不知，此舉在現實中，只是促使國民黨陷入窘途而無法脫困。

　　支持民進黨理念者則通常採衝突論，認為兩岸關係是一種零和格局，過多的交流，會讓弱勢的台灣這一方對中國更形依賴，終會危及台灣的安全，乃至於主權的獨立。問題是，民主政體不容許激進。就算 2016 年民進黨拿回政權，基於負責的態度，民進黨也不可能憑空跳脫國民黨所設定的國統綱領中程階段的框框，或採行積極退後的步伐。除非，中國境內局勢出現大的變化，否則，國統綱領中程階段所出現的劇情與布景，是民進黨在現實上難以迴避的。那麼，一個立即的挑戰是：民進黨如何拉大台灣與中國的垂直差距

---

[31] 趙雲山，《消失中的兩岸》（台北：新新聞，1996），頁 366-367。

而非水平距離，如何跳脫國統綱領中程階段的陷阱或如何善用國際社會意欲維持現狀不變的利益考量，而令兩岸通往遠程階段的速度加以減緩，卻又不遭致藍營或北京的反彈或報復？前總統李登輝所期待史無前例的、特殊的國與國關係能否維持？[32]以及在「經濟上傾中，安全傾美」的摩擦聲中，台灣如何耐得住煩躁與恐懼？在在考驗台灣人的耐性與智慧。而近年來出現各地台商紛紛建言希望政府開放台商擔任中國人民大會代表、政協、工商聯委員的趨勢來看，台灣承受中國的壓力的能力越來越大。[33]然而，話又說回來，此門一旦開了後，後續官商關係的發展，是否如它所逆料或在其掌控之中，恐怕也會令北京猶豫不決。

　　從現實利益的角度看來，當前對於國民黨最有利的作為應是：假陳水扁終止國統綱領之手，將計就計，順水推舟，不再提國統綱領，勿讓國統綱領成為一種承諾。為了免於台灣被中國侵吞，那麼繼續讓「不統、不獨、不武」的場景拖延下去或甚至凍結化，以拖待變或以拖帶變，如此，國民黨才可能避免承擔將台灣推向被中國併吞軌道的歷史罪名。

---

[32] 李登輝、中嶋嶺雄，《亞洲的智略》（台北：遠流，2000），頁 254-255。
[33] 王銘義，《兩岸和談》（台北：財訊，1997），頁 338-339。

台灣的選擇

亞太與兩岸的政經格局
與台灣的選擇

　　美國在 2001 年 9 月 11 日遭受恐怖攻擊後，全力捲入報復式的軍事行動，結果功半而事倍，耗盡財政資源。相反地，中國全力低頭搞經濟，使得中國經濟大幅躍升，甚至在亞洲地區以挑戰美國的姿態出現。2001 年底中國加入世界貿組織後，經濟能量全面釋放。2006 年中國外匯存底首度超越日本。2008 年底爆發全球性金融危機，中國投入四兆人民幣，成為全球經濟的火車頭。2009 年 7 月美國國務卿希拉蕊柯林頓提出重返亞洲政策。然就在此時，亞洲的政經情勢是中國在經濟與政治上同時成為最受矚目，也最被爭議的焦點：2009 年全球為經濟衰退所苦，中國的成長率卻達到 8.7%，2010 年竟取代日本成為世界第二大經濟體；2009-2010 卻也是中國與周邊國家政經矛盾與磨擦紛起之際。

　　基本上，中國二十一世紀初在亞太地區的擴張過程中，是企圖以「中國－東協自由貿易區協定」來拉攏東南亞；就戰略的意義而言，這是中國擴大經濟底盤，強化自身與美日分庭抗禮的本錢。在戰略佈局上，中國短時間仍將致力於經濟發展，再逐步取得亞太盟

主地位，然後才是與美爭霸。有很長一段時間，「韜光養晦，不搞對抗」是中國對美工作的指導原則，透過軟硬兩手策略，利用各種政經籌碼持續營造一個美國對其在國際經濟上與國際政治上有所需索的機會與空間，而讓中國因素成為美國對外政策的重中之重。

但就在 2009-2010 年之際，鄧小平韜光養晦的信條，顯然逐漸偃旗息鼓，十八大這一代領導人似乎有意走向積極有所作為，中國與美國以及中國與亞太周邊的關係卻也由好轉壞，尤其表現在三方面：（1）中國的向東擴張與日本的釣魚台國有化導致的中日對立；（2）中國的南向擴張與越菲的抗衡；（3）中國探向印度洋，引起印度戒心，而中印經濟摩擦日劇、邊界也曾出現長達二十天的「帳篷對峙」。中國並無畏周邊之敵視，2012 年 3 月中國公開將南海視為「核心利益」。相應於此，美國方面在安全上積極與南韓、日本、菲律賓、越南、印度進行合作，經貿上則以跨太平洋經貿夥伴關係協議拉攏亞洲重要經濟夥伴，看起來都有重新盤整亞太政經力量而連帶制約中國擴張的政策意涵。

一、亞太政治情勢

2009 年 7 月 23 日希拉蕊柯林頓在東協區域論壇宣示美國重返亞洲。此宣示隱然以中國為主要假想敵。2010 年 9 月 7 日，中日既有的釣魚台爭端再起，中日關係日趨惡化。2012 年 9 月 11 日日本的釣魚台國有化動作之後，中日雙方關係惡化程度到達高峰；南海海域也不平靜。2011 年 5 月起，越中出現摩擦。2011 年 5 月 30 日中國和越南互相指責對方侵犯南中國海的主權，關係日趨緊張。

2012 年 3 月南海被中國命名為新的「核心利益」。2012 年 4 月 10 日中國和菲律賓在南海黃岩島海域對峙。可以說，中國的周邊外交關係，這幾年來有急轉走下的趨勢。同時，中國分別與菲律賓和越南之間的矛盾，透顯菲越高度懷疑中國有往南海擴張的企圖。

　　實際上中國的軍事力量也頻頻在印度洋出現。將視野拉開來看，南海顯然不過是中國在太平洋－印度洋的大戰略布局的一個環節。近幾年來，中國充分認知到南海至印度洋這一帶水域的戰略與安全意義。從南海往西連接安達曼海與印度洋，必須經過麻六甲海峽，而麻六甲海峽為海運交通要隘，全球四分之三之能源通過此水域，其重要性不言而喻。將南海和印度洋搭起來看，中國往南的擴張更見全面。2012 年 11 月 24 日，中國航空母艦「遼寧艦」順利進行了「殲-15」戰鬥機起降飛行訓練，令東協與中國的關係變得更加緊張與敏感，尤其是越南與菲律賓，都紛紛提高警覺。

　　2012 年 12 月 6 日美國太平洋司令洛克利爾上將（Adm. Samuel Locklear）表示，美國將於 2020 年前將 60%的艦船和潛艇部署在太平洋地區，如今這一比例已經達到 50%。美國要求航行自由，尋求外交解決，避免挑釁行為，維持和平穩定是美國對待東亞局勢的總體原則。他表示，美國對於南海地區的糾紛，不會在主權爭議上有偏袒，但如有必要，美國不排除使用戰爭裝備來解決糾紛。顯然，眼前美國不希望升高緊張，所謂不再涉入，其目的是希望不要刺激中國。坎貝爾（Kurt Campbell）也一再強調，再平衡戰略的關鍵是美國與中國關係的改善與互動的增加。他認為，即使競爭，也要和平競爭，同時著眼於雙方可以合作的領域。他特別稱許美國與中國的「戰略與經濟對話」。他認為這類的機制對於分歧與誤會的化解，非常有效。

不過,這種外交辭令卻無法掩藏美國積極布局亞洲的動作。正當敘利亞事件困擾著美國外交行動,美國國防部長黑格(Chuck Hagel)卻短時間密集訪問亞洲兩次,可見美國對亞洲的重視正如其重返亞洲政策的陳述。這兩次分別是 2013 年下半年密集訪問,6月 2 日參加新加坡的香格里拉對話以及 8 月 29 日在汶萊參加東協國防部長擴大會議(包括美國、中國、日本、南韓、印度、澳大利亞、紐西蘭、俄羅斯)。黑格利用此機會一方面與其戰略夥伴的日本、南韓與越南有雙邊會談,另方面也與緬甸和中國分別進行了雙邊會談,並預於 2014 年與東協部長擴大會議的成員在夏威夷會面,目前盛傳,夏威夷未來是否會成為美國與亞洲互動的固定場所,其意義正如 2011 年亞太經濟合作會議(APEC)一般。對於中國,黑格也玩兩手。2013 年 8 月 19 日黑格在五角大廈與中國國防部長常萬全會面提到「美中關係對於亞太地區以及兩國的穩定、安全與繁榮非常重要」。這被解讀成美中關係雖在網路安全、南海與東海的問題上有分歧,但大體維持在友好與正面發展的軌道。不過,第二天,黑格又安排見印度的國家安全顧問梅農(Shivshankar Menon)。9 月 27 日歐巴馬在白宮接見印度總理辛格(Manmohan Singh)。美國拉印制中的意圖,昭然若揭。

越南角色的變化也很值得關注。1960 年代中到 1970 年代,美國與越南打了長達十餘年的戰爭。1979 年春中國懲罰越南,在中越邊境打了一場惡戰,接著和美國建交。但物換星移,時勢變遷,自 2009 年越中出現南海爭議以來,越南和美國反連成一線,中國成為對立面。2013 年 7 月 23-26 日,越南總統張晉創拜訪歐巴馬,雖然敏感的人權議題被提出來,但一般認為總體而言,兩國領導人

的會面對於美越夥伴關係的建立與發展仍有積極與正面的影響。[1]
甚至有傳言指出，越南高層已決定與美國發展更深入交往，以制衡
中國，由此看來越南可望扮演美國再平衡政策的一個關鍵部分。[2]不
只如此，越南也努力引進俄羅斯與印度。俄中邊界固已解決，俄中
的高層關係與經貿往來也十分密切、友好，但在南海的表現，俄國
卻沒有和中國站在一起，相反地，反而是處於對立面，即便是間接
而非直接的針對性。有趣的是，在南海利益上，俄、美，甚至包括
印度，三者雖無明顯地聯手對付中國，但似有個別轉到越南背後來
運用越南對抗中國的跡象。在此態勢下，也可以想像，中國將會對
與越南的關係更在意，並會做更多、更綿密的工作。而在此脈絡下，
料想未來，台灣與越南的關係，應會往形式關係變得更敏感，但實
質機會更友好與豐富的方向發展。

　　東亞國家高度依賴中國市場，使得他們本能擔心政治為中國所
支配。在釣魚台事件以及南海紛爭上，東亞國家多數選擇向美傾
斜，與中國站在對立面，大有政治與軍事安全圍堵中國的態勢。從
東亞國家的利益看來，他們一方面希望與中國做生意，另一方面則
希望與美國保持更好的安全聯絡，以便避免因經濟依賴而逐步成為
政治扈從或附庸。此外，近年來印度外交出現了與西方結伴制衡中
國的新動向，尤其在印美、印日關係上表現得特別突出。2010 年

[1] Kapila, Subhash, 2013. "Vietnam President's Significant Visit To United States – Analysis,"July 31, 2013<http://www.eurasiareview.com/31072013-vietnam-presidents-significant-visit-to-united-states-analysis/> (2013/11/4)

[2] Nguyen, Hai Hong, 2013. "US-Vietnam Ties: Time for a Rethink?" The Diplomat, July 25th, <http://thediplomat.com/2013/07/25/us-vietnam-ties-time-for-a-rethink> (2013/11/4)

11 月，美國總統歐巴馬訪問印度，印度《星期日衛報》說的很明確：「美國和印度即使有再多分歧，在共同應對中國崛起這方面還是有共同點的。」由印度的對外交往策略，我們可以感受到，印美中三角關係，應仍會略向印美這一軸傾斜。而後冷戰的歷史經驗顯示，戰爭會招致譴責而非支持。世界主要的大國皆不願見到戰爭發生。印中關係未來仍應會處於一種靜默的競爭（quiet competition）或「爭而避鬥」的狀態。[3]

二、亞太經濟情勢

1997 年 7 月亞洲金融風暴後，東南亞與四小龍受挫，中國趁勢而起，加入世界貿易組織後，經濟能量全面釋放。夾著躍昇的經濟實力，中國一方面想極力促成中日韓「中日韓自由貿易區」的成立，拉住東亞經濟位階上端，另方面以「中國－東協自由貿易區協定」來拉攏東南亞，並全力支持由東協主導的 RCEP 以拉住東亞經濟位階下端。如此一來，中國穩坐亞太經濟的中心國地位。然而以中日外交關係的惡化以及日韓外交關係的潛在矛盾看來，中日韓自由貿易區的建構過程，難免會受政治所波及而難以成形。

---

[3] P.R. Chari, Pervaiz Iqbal Cheema and Philip Cohen, *Perception, Politics and Security in South Asia: The Compound Crisis of 1990*. London: Routledge Curzon, 2003,p.143 & Mark W. Frazier, "9. Quiet Competition and the Future of Sino-Indian Relations," pp.294-295&317. &〈龍象相爭下的中印新型大國關係方天賜：爭而避鬥〉,《中央廣播電台》, 2013 年 5 月 21 日,<http://www.people.com.cn/GB/jingji/1037/2904445.html>（2013/11/4）。

　　相對而言，以東協為平台的「東協加六」的 RCEP 看起來進展較順利。RCEP 計在 2015 年底完成談判，之後進入實施階段。美國顯然要 TPP 來對 RCEP 加以凌駕，從而約制中國在亞太的經濟影響力。2013 年 8 月 22 日美國貿易代表弗羅曼（Michael Froman）訪問汶萊，完成跨太平經貿夥伴關係第 19 輪協商。8 月 25 日黑格在馬來西亞的國防安全研究所（Institute of Defense and Security Secretary）很明白地指出，「美國認知到，未來會跟亞洲的關係更緊密，我們將全球外交、經濟與安全力量用於對亞洲的交往，進行再平衡。在合作的精神上，我們將確保區的和平與繁榮。」很明確地，確保亞太、太平洋－印度洋這區域的自由貿易、自由進出、以及和平解決爭議，應仍是美國亞太的戰略核心。問題是，中國能夠或願意遵守美國所期待的結果嗎？

　　對於美國的一連串動作，中國回以軟調，但卻軟中帶硬。中國外交部長王毅 2013 年 9 月 25 日在第 68 屆聯大會議上表示，中方願為人類發展事業提供正能量，外交手段相當柔和。同一天，他在紐約聯合國總部會見印度外長胡爾希德（Salman Khurshid）時指出，「中印戰略合作夥伴關係正在提速」。但，對於日本，則底線清楚：「日本不承認釣島爭議就沒法談」。中國領導人的講話，處處凸顯中國正在畫底線，卻仍不願與美國公開決裂。美國方面的動作十分明顯，但用字遣詞卻儘量避免刺激中國。但這種的和緩氣氛究竟能持續多久呢？

　　近年來，以美國為首而擔心中國擴張過快的國家，不僅在政治與軍事上相結盟，也企圖透過經貿的結盟以破除或制衡中國經濟中心論的成形。在東亞地區經濟整合加速進行的過程中，中國在區域及全球扮演之角色日益重要，美國也表達高度興趣與關切。但美國

為避免被排除於亞洲地區的經濟整合之外,同時希望能對中國主導的東亞整合趨勢,發揮抗衡作用,遂加入 TPP,藉以擴展其在亞太的經濟聯結及強化戰略關係,其象徵性涵義極為深刻。不少分析支持,美國主導的 TPP 主要成員大多由資本主義體系的國家組成,還納入與中國有宿怨與領海爭執的越南,意在排擠中華人民共和國;TPP 與 PCEP 將變成一場中美兩國拉攏亞太經貿實體的角力戰。而雖然在 2013 年 5 月 16 日美國商務部副部長桑切斯曾表示歡迎中國加入 TPP,沒有排斥中國的意圖。但美國會很謹慎地防範中國挑戰其在亞太經濟的領導權,應是無庸爭辯的。

再看中國在亞太經貿的處境。RCEP 自身並非沒有問題。東協經濟體內部已有 73%左右的合作協定得到各成員國的批准,但還須努力,且目前最大的問題是各國如何儘快落實這些協議。顯見不只簽約,還有落實的問題。區內政治互信也是其脆弱點,尤其中國對日本、菲律賓、越南皆有嚴重的領土主權的衝突。越南、菲律賓及印尼等東協國家與中國的南海島嶼爭議尚未解決,中國要取得RCEP 發言權,可能性不高。印尼是東協最大國及主導者,應該才是真正的關鍵國。[4]也有人說,在 RCEP 中,東協是「小馬拉大車」,拉到一定程度就拉不動了,而美國也正積極與東協國家進行協議。美國是東協的第四大貨物交易夥伴國,是東盟第三大外資來源國;而東協是美國的第五大貨物交易夥伴,雙邊的經貿互賴很深。美國

4　李淳,〈台灣想入 RCEP 關鍵在印尼〉《時論及政策廣場》,《中華經濟研究院網站》,2013 年 9 月 23 日。<http://www.cier.edu.tw/ct.asp?xItem=18952&ctNode=61&mp=1>(2013/11/4)。

加以拉攏的動作對於企圖在 RCEP 上發揮影響力的中國，無疑有挖牆腳的意味。

　　總體看來，在安全上，亞太諸國明顯向美國傾斜。但亞太周邊國家卻又與中國有千絲萬縷的實質關係，難保不會有變。在經貿上，TPP 固來勢洶洶，畢竟屬新生事物，猶待考驗。就戰略的角度來看，顯然這是一個「中國中心論」對抗「美國中心論」的一種態勢。歐巴馬總統對 TPP 的推動之積極，顯見他的企圖與決心。但中國領導人一向精於戰略布局，長於垂釣。「中國中心論」與「美國中心論」雙核心分庭抗禮的亞太格局已逐漸浮現。而究竟這場雙龍搶珠的戲碼，珠落誰手？值得我們做更進一步密切的觀察。

三、兩岸的政經發展格局

1. 美中關係

　　中國外交部長王毅在回答媒體有關 2013 年 9 月 19 日與美國國務卿凱瑞會面，表示「在台灣問題上，我們闡述了我們的原則立場，這是毫無疑義的，美方也重申了他們的一貫主張。我想台灣問題是在可控的狀態內。」20 日王毅在智庫布魯金斯研究所（Brookings Institution）發表演說表示，兩岸在相互往來合作中逐漸彼此融合，直至實現最終統一將是誰也無法阻擋的歷史潮流。兩岸關係保持和平發展勢頭，『要和平不要戰爭、要合作不要對抗、要交往不要隔絕』，已是兩岸同胞的人心所向。」他並希望美方切實理解和尊重中國反對分裂，致力和平統一的努力，把台灣問題從中美關係的

負資產變為正資產。這種說法與過去北京反對美國介入台灣問題，卻也另方面希望藉由美國來影響台灣的調性，如出一轍，但說法比較自信與技巧。至於美國方面，它一向看的是大的利益、自身的利益。只要兩岸能維持對話從而導致兩岸更緊密的經濟交流，便符合美國的利益。問題是，中國如果始終要在主權上轉，將會圖窮匕見，兩岸、美中關係不免又陷入攤牌，這也是北京目前的困境。尤其當台灣民調數字不利於統一時。

2. 國共交往

2013 年 2 月 27 日國務院台辦發言人范麗青表示，海協會與海基會已各自就互設辦事處進行了研究評估與意見交換，希望年內爭取有所突破，早日實現互設辦事處。3 月 21 日陸委會發言人吳美紅證實，兩會副祕書長層級已完成非正式溝通，確定將此議題納入兩會制度化協商的議程，並適時展開正式的業務溝通會議。3 月 22 日海基會董事長林中森表示，兩會互設辦事機構，未來將定位在服務的功能，希望功能愈強愈好。可見，國共兩政府對於互設辦事處已有高度共識與積極性。所不同的是，北京方面多戰略的政治考量，台灣方面多技術層面的經貿服務考量。前者，北京需要來自執政的國民黨更明確的政治訊號，才有可能進一步的配合。

2013 年 2 月 17 日，在鳳凰衛視《風雲對話》節目上，前任的海協會常務副會長唐樹備的講話，充分反映出了北京對於兩會事務性協商以及「一個中國」的政治性談判的傳統立場與態度。他指出，在兩岸事務性商談中，因為海基會與海協會是民間機構，不

涉「一個中國」的政治含義。當時雙方的默契是，暫不討論政治性議題，但以後不是事務性商談了，就要進行政治商談。而兩岸，將來不是領土主權的再造，而是政治上的分歧。而要談管轄權可以，必須要先有政治談判；在沒有政治談判以前，用迴避的辦法來處理管轄權也是可以，雙方可以就避開這個東西，達成個協議。而依習近平的說法「我們已多次表示，願意在一個中國框架內，就兩岸政治問題與台灣方面進行平等協商，作出合情合理安排。對兩岸關係中需要處理的事務，雙方主管部門負責人也可以見面交換意見。」；「兩岸經濟同屬中華民族經濟，在亞太地區經濟發展新形勢下，雙方只有加強合作，才能更好應對挑戰；要加強兩岸經濟合作制度化建設，並更加重視促進產業合作。」[5]順著這個精神而下，顯然，北京對於「一個中國原則」以及兩岸邁向統一的政治立場抓得很牢，但暫時避開政治敏感，尋求事物性接觸的權宜作法，卻保持了高度彈性。

　　由字裡行間的解讀，可知習近平不見得對兩岸的進展沒有急迫感，但礙於現實內外環境的險峻，習被迫需維持穩定與和緩的兩岸關係，因此，有可能藉由與台灣更緊密的交流來穩住並設法排除國外勢力的介入，使兩岸關係單純化。早前習近平談及對台政策，曾有「民心融合」的說法。推測，他意在強調更密集的民間層面的中華文化之交流。在中國綜合國力高漲之際，繼「中國經濟中心論」之後，一股濃烈的民族主義氛圍正在上升當中。習近平過去的公開講話中，曾多次提到「中華民族」的話題，可能認為兩岸

5　程嘉文、林庭瑤，〈蕭萬長三期許 習近平促解政治分歧〉《聯合報》，2013 年 10 月 7 日<http://udn.com/NEWS/WORLD/WORS4/8208665.shtml>（2013/11/4）。

關係以中華文化作為交流的共同主題，其效果比一般領域更容易找到共同基礎，可以既滿足「先易後難」的策略需要，又可以達「以民逼官」的效果，同時，也是一種由 ECFA 強調唯物，進而轉到強調唯心層面的妙處。而唯心的強調不僅可以築一道防線與西方民主主義意識形態加以劃界，同時，也為「一個中國」的框架充實血肉與靈魂。

四、台灣的危機與風險

以當前的氛圍看來，中國內部問題層出不窮、西藏、新疆、香港的挑戰日益嚴峻，而其周邊國家政經關係趨緊的狀況看來，北京領導層為保權位，除非被迫，否則相信會傾向現狀維持與暫不解決的保守作法。用個比喻來說，中國在外交上，以圍棋之勢圍台，而在兩岸關係上，則以象棋之姿攻台，此一戰略路數甚明。未來北京會更積極地圍棋與象棋齊下，圍堵台灣獨立空間，並一方面分化台灣內部團結，另方面讓中國的政社經勢力入台，全面佔領社會體系的樞紐位置，以時間換取空間。依此論，海協會在台設立辦公室後，將會是個兩岸發展新頁的起點。對主張兩岸是機會的論者而言，這是正面的。但主張是風險者，這是災難的起頭。

而在兩岸的大交流過程中，台灣究竟是機會多，還是風險多。這個問題不易有答案，這不只是樂觀與悲觀之異，背後也涉及對兩岸終局解決的選擇。選擇終局統一者，大半較傾將機會放大；選擇終局獨立者，大半較傾向將風險放大。這種辯論，難有結果。不過，香港的經驗卻成為一個值得台灣借鏡的案例。未來，可以想見，海

協會駐台辦事機構，勢必會參考或受影響於當前在香港的中央聯絡辦公室的組織經驗。依據中共中央規定，中聯辦的職責有五：（1）聯繫外交部駐香港特別行政區特派員公署和中國人民解放軍駐香港部隊；（2）聯繫並協助內地有關部門管理在香港的中資機構；（3）促進香港與內地之間的經濟、教育、科學、文化、體育等領域的交流與合作。聯繫香港社會各界人士，增進內地與香港之間的交往。反映香港居民對內地的意見；（4）處理有關涉台事務；（5）承辦中央人民政府交辦的其他事項。

　　理論上，中聯辦雖秉持一國兩制執行任務，但現實上，「一國」與「兩制」已逐漸出現裂痕。2009-2010年間，以「蝗蟲」形容絕大部分中國人的行為流行於香港網際網路後，中港關係便日漸嫌隙，中聯辦的角色也常遭質疑。2012年3月26日，梁振英當選特首後立即前去中聯辦謝票那一幕，令港人震撼，引起高度議論。9月7日晚，發起反國教的陳惜姿表示，她接獲了行政長官梁振英前私人助理鄭希暄的電話，對方聲稱代表中聯辦，邀請她獨自到中聯辦商討有關國教科問題，又稱梁振英在國教科問題上已無話事權。陳惜姿又發現，港府在反國教談判過程中反應較遲，角色被動，感覺上好像等待一些決定和拍板。陳的描述顯示，即便北京駐港的中聯辦無意介入，但組織的安排與政治的氣候，勢必會讓駐港單位在現實上有此「被需要」的功能。而繼反國教風波後，10月1日發生香港船難。事後，中聯辦副主任李剛與香港特首梁振英一同至醫院探視傷者，中聯辦主動要求廣東派船支援，雖引發香港民主派人士對中聯辦干預香港內政的批評，也有香港市民認為，救人第一，無需泛政治化。

　　而對於民主黨派指責「西環治港」的說法，新任中聯辦主任張曉明採取直接面對的方式對香港媒體重申，強調西環（中聯辦）不治港，但要盡職；中聯辦的職責是要善用中央各項惠港挺港政策，推動香港進一步走上同祖國內地優勢互補、共同發展的寬廣道路。他特別強調要守住「一國」的原則，但也明確區分「兩制」之間的差異。但「不治港」與「要盡職」之間的界線，如何捏拿？這條線的任意性很大。

　　就以香港的例子來看，例如 2003 年香港遭 SARS 侵襲，疫症來勢迅猛，香港在防治上出現極大困難，正在危急關頭，中聯辦及時將香港的情況反映到北京，並獲得中央政府大力支持，儘快派來了有經驗的專家組，運來大批治療預防裝備。該事件上，中聯辦扮演了將香港特區政府對中央政府的一些要求以及市民的一些意見，反映到中央的功能。再者，在有關《內地與香港關於建立更緊密經貿關係的安排》（CEPA）的協議的簽署和實施上，香港如何與內地、與全國在經貿關係方面能夠展開更加緊密的關係，如何用好有關的條文和政策，當中就有中聯辦的努力。沒有了中聯辦的努力，便很難成事。北京一方面緊抓主權不放，另方面卻開出一條渠道，突出中聯辦聯繫北京與香港的樞紐功能，但不具體干涉香港內部的事務的態勢，久而久之，中聯辦將形成「無名卻有實」的「政務特首」，而原有香港特首將成為「事務特首」。例如，基本法 23 條的立法。中聯辦主任張曉明便稱，「23 條立法，並非是提都不能提的禁區」。中聯辦可以不涉入香港內部事務，但卻可能染指國安法的立法過程。

　　除此之外，由於中港關係高度融合，在現實層面，中聯辦與香港的社會生活與政治生活也將產生密切的互賴關係：(1) 在社會生

活上：近年來中聯辦為了廣交朋友，在香港工作不斷擴大，而其官員積極參與各式各樣的社團活動。中聯辦官員獲安排的主禮位置往往較特區政府的官員更優先。而主辦團體這種趨炎附勢已為人情之常，況且有些主辦者更是心存期盼與中聯辦搭建關係（例如政協是由中聯辦推薦）。但無論如何，在主禮儀式及排位上令特區官員、特別是地區的政務專員淪為次等代表，卻損害了特區政府在市民心中的地位。（2）在政治生活上：中聯辦介入香港選舉的可能性提高。泛民陣營人士普遍相信中聯辦介入香港選舉有三種方式：（1）在親北京黨派後頭任總操盤手，透過整合社團，建構組織，不管是選舉動員、義工招募或是調度配票。（2）中共中央安排他們屬意到香港工作的官員，形式上先從公職退休，再進入陸資，甚至港資企業工作。也就是「假退休、真滲透」。除了企業，也安排不少「退休」官員出任香港民間社團的秘書、秘書長之類的職務，他們不當負責人，是避免引起注意。但位居秘書長，可以知悉、掌控社團所有動態。（3）扶植一批「偽獨立、真建制」的候選人，這批候選人具有年輕、專業、高學歷的姿態，主攻中產階級選民，讓他們成為代理人或「直屬部隊」。特區政府在立法會內不少建制及獨立議員，特別是來自功能組別的，在投票上已有「聽西環不聽中環」的傾向。因為聽西環（意指中聯辦，因其位於西環）可能日後有回報，而依法辦事的中環（意指香港特區政府，位於中環）卻很難提供額外資源。

　　中聯辦全稱是：「中央人民政府駐香港特別行政區聯絡辦公室」，它是基於主權原則由中央政府派駐香港，代表中央政府在香港執行《基本法》的最高機構。依此定義，未來海協會駐台辦事機

構的職能自然受限而無法像香港中聯辦,但其實質的功能可能會慢慢演進成中聯辦的前身。而在成立初期,它甚至可藉由民間身分的便利,避開立法院的監督。曾任陸委會主委的台聯黨主席黃昆輝便提醒,「兩岸若要設處,應秉於國際慣例,使其具實質功能,不能以海基海協分支機構的架構來設立,否則有逃避國會監督、黑箱作業之弊。希望政府決策不是在配合中國的『入島入戶入心』,一定要以台灣人民實質利益為著想。」

李蔚在〈台灣的「中聯辦」?──從香港選舉的「西環之手」看未來的海協會駐台辦事處〉一文中,提出「今日香港,明日台灣」的深刻警告。他指出,從 2008 年兩岸恢復、擴大往來規模以來,中國國台辦官員在台灣的作為,已經頗有中聯辦的影子。從海協會會長陳雲林四度來台的行程,加上國台辦副主任鄭立中的全台走透透的經營來觀察,國台辦在短短四年間,已經在台灣社會全方面地分割、穿插,廣泛地建立關係。他指出中聯辦操控香港選舉的手法將移植到台灣,有幾種方式:(1)香港的基層由宗親、社團組成,台灣則是農會、漁會、水利會、合作社和鄉鎮市基層自治組織。這四年來,不管是鄭立中本人或者一個接著一個的省市長與書記訪問團,都把農漁產品採購當作重點,媒體一再宣傳的「虱目魚契作」,可以說是最成功的樣本。但更重要的是,台辦系統在這些基層組織中建立的人脈,將更進一步收攬小區域的意見領袖;(2)在中國各地台資協會和全國台企聯,實際會務都是掌握在中國籍的秘書長手上,儘管會長無一不是台商,但台商協會在 2008 與 2012 年兩次大選時,已經毫不避諱地動員台商返台投票。未來一旦海協會進駐台灣,直接在島內操盤,藉由「兩岸工商聯誼會」之類的名目,在台

灣全國性的社團裡發揮影響力的可能性也未嘗沒有可能性；(3)建立可以直接號令的政治勢力：北京在台灣事實上已經有了斬獲。不管是八八風災後，替國台辦主任王毅四處發放慰問金的立委，或是陳雲林多次點名一定要造訪，以收「加持」之功的地方首長。這些都是海協會進駐台灣之後，馬上可以收攏的對象。而未來，依循「西環契仔」、「契女」[6]的模式，直接在台灣內部扶植政治代理人參與選舉，也同樣不是不能想像的手段。

　　而即使撇開選舉，回到兩岸交流的服務上。將來北京駐台辦事機構對於北京的訊息掌握將更精準於台灣的陸委會或海基會，漸漸地，商人勢必會傾向跟北京駐台辦事機構保持更密切的關係與聯繫，或跳過台北，直接與北京駐台辦事機構協商。而屆時北京駐台辦事機構尚可惺惺作態，以守住「兩制」界線沽釣清譽，而實則達到鞏固「一國」的政治利益。退一萬步想，台灣民眾對於北京駐台機構作為如有不悅致有抗議情事發生，萬一出現了動亂，北京自然就有理由以保護駐台機構、中資機構或陸客為由，駐軍保護或進兵攻擊。

五、台灣的戰略選擇

1. 執政的國民黨

　　馬總統當選以來，北京雖不時傳出對其兩岸政策遲滯不前的抱怨，但相較於民進黨，北京顯然是支持馬英九的。而其背後的道理

6　契仔、契女：養子、養女。

是：民進黨不接受兩岸同屬一中的政治前提，馬則接受辭藻上有「各自表述」的一個中國原則，而其所提倡的「一國兩區」、戮力兩岸大交流與經濟整合、外交休兵、對中國開放門戶等等舉措，乃至於後來接受的「一個中國架構」與北京統一大業的方向並無違背。儘管國共的兩岸協商已「由易而難」漸入「深水區」。終究，國共無可避免要碰觸到管轄權等主權界線，北京既不能正面承認中華民國的存在，馬英九在選舉時又曾向台灣民眾宣示「中華民國是一個主權獨立的國家」、「台灣的前途與未來由兩千三百萬人民決定」，因此對於「兩岸一國」馬也只能採取迴避的態度，不斷重申「一個中華民國，兩個地區」，而賦予「互不承認主權，互不否認治權」的涵意。

　　另一方面，馬英九猛打美國牌，不管美牛案、對 TPP 的公然表態、派遣親信金溥聰駐美、尋求美方出售 F-16 C/D 型戰機、獲得美國免簽證、釣魚台與南海問題採取不與中國合作的立場等發展，皆讓北京方面對馬「親美」、甚至「聯美」的舉措也存在疑慮。北京反獨，但更視美國的存在為統一大業的背上芒刺。不管如何，短時間內，和平協議的簽署有困難。畢竟一旦簽署後，台灣與中國不能再彼此視為敵對，兩岸防禦措施就得自動一一繳械，美日將台灣連結為安全結點的亞太戰略可能面臨更易。短時間的未來，國民黨對於兩岸關係的定位仍會沿著以美國為安全戰略為依託，進行兩岸統一前維持現狀的建設性交往。

2. 在野的民進黨

蔡英文於 2008 年 5 月 20 日當選民進黨黨主席，被視為是扶大廈之將傾的民進黨新型政治人物。2011 年她更獲得民進黨提名為總統大選候選人，標舉的戰略口號是「從國際走入中國」，並要和中國維持「和而不同，和而求同」的關係，而其底線則以 1999 年民進黨全代會通過的「台灣前途決議文」為基準。而 2012 年擔任黨主席的蘇貞昌則主張：民進黨維護主權、台灣共識的主張不用改變，但方法態度可以變。總體看來，短時間內，民進黨可能會維持在陳水扁時期以美日「價值同盟」與「安全同盟」為依託的中國政策，只是會少衝撞，並表現更多的理性與溫和。但問題是：不管是中方的政策說詞或各種講話，皆說明北京並不領受民進黨的對中政策。

無論如何，過去幾年來，北京在將台灣納入中國社會經濟系統，並對台灣構成巨大壓力的作為上，確實有很豐碩的成果。在中國利用惠台措施、金錢與成就機會，大量對台收買人心之際，國民黨的戰略附和、民進黨的進退維谷、大眾的沉默，在在使北京的對台統戰策略已到了能隨時對台灣點穴的能耐。當台灣內部慢慢形成一種迫於經濟現實的無奈氛圍時，將鼓舞北京施展軟硬兼施的更進一步作為。北京會希望營造一個台灣對中國經濟依賴，且即便是民進黨重新執政，也無可逆轉的新形勢。北京對台工作的力度將逐漸加大，操作籌碼也逐漸增多，全面針對各行業、各階層、各利益團體，建構親中統一陣線，一方面全面壓制與分化民進黨，另方面則制約國民黨往其所希望的兩岸發展方向而行。

　　過去十年，中國的綜合國力大幅上升，而其將台灣納入中國系統的廣度與深度，越來越加大。對於台灣而言，當前面對中國與其是統獨，不如說是一種爭生存的鬥爭。當務之急，台灣能操之在己的是：降低內部分裂而強化內部團結。另外，必須做好對美工作。如果不能保證美國對台灣的長期關照，則時間並不站在台灣這邊。短時間看來，目前整個亞太政經情勢的優勢顯然在美國這邊，中國處於下風。美國且進一步欲與歐盟建構一個世界最大的自由貿易區。美國可以說亞歐兩手掌握。美國的世界領導權仍無以取代，國際強權也期待它繼續領導，讓現狀得以存續。中國綜合國力正盛，但伴隨而來的卻是各方的戒心而非積極擁護。中國鄰近國之中關係最好的俄羅斯，在南海利益上，竟與越南站一邊，間接地也與美國連成一氣。中國的軍事力量雖上升，卻仍無法和他人結盟而與美一較高低。就連中國著力最深的上海合作組織的軍事功能，這幾年來也明顯在下降，便可見一斑。而一般看好中國在「中日韓自由貿區」的優勢前景，卻因為日本因素，難以圓滿。而中國得以從容發揮影響力的「東協＋6」，也充滿挑戰，2013 這一年來，占東協經濟 40% 的印尼，也出現外銷主力的煤與棕櫚油因為中國成長趨緩，跟著下滑，投資客信心受挫，約有 40 億美金的資本往外逃逸。印尼的發展會不會拖累東協，乃至於 RCEP，從而影響中國，值得關切。總之，當前，中國來自區域政治與區域經濟的壓力與挑戰，在眼前與未來顯然遠比過去幾年多得許多。

　　目前所謂的中美稱霸，應仍只是一種過早的憂慮。美國不樂見，區域次級強權也沒有樂見者，因此中國不稱霸是迫於客觀限制的現實，而不是主觀善良的願望。只不過，只要美國內部經濟問題

沒改善，以及其對國際社會的責任，無法像過去那般地有能力承擔，中國的影響力就在那裡，而美國對於中國的警戒就不會鬆懈，美國會緊緊地盯著中國的外擴舉措。準此，台灣在兩岸互動過成的得失或浮沉，應也會為更為美國所關切。畢竟，整體而言，美國追求一種具有安全、政治、與經濟利益的政策。而這個政策目標與台灣海峽的現狀、台灣的繁榮與穩定都息息相關。起碼，台灣對於美國在亞太的政經利益，具有消極的意義。而如果台灣能更清楚並更願意凸顯對於美國利益的關注，台灣的價值與角色還可望更進一步提昇。

結論

　　選擇以中國經濟的崛起作為本書分析的起點，並非是作者在實然上或應然上接受以中國為中心的判斷，而毋寧只是一種寫作的策略，是希望儘可能先站在中國的觀點來看問題，以做到知己先知彼的目的。中國的崛起自有其複雜的因素與時空背景，但其中最關鍵應在於其強勢政府的政策作為，讓中國在很短的時間內蛻變成經濟大國，這不能說不是人類經濟史上的奇蹟。然而，中國經濟成就的另一面卻是這種集中模式所帶來國家資本的過度擴張，產生了經濟生態的扭曲，而尋租所產生的副作用，也侵蝕了正常的市場機能，另方面，經濟集中也助長領導階層對民主的忌憚。中國靠政府強力拉動經濟發展，造就了具有中國特色的成長模式，十分風光，但目前也碰到國家資本與錢權交易，尾大不掉，社會尖銳對立的困境。如今，為了維持經濟榮景與社會穩定，在無法換軌的情形下，大有為的政府也只有繼續循著老路而充其量只做些微調罷了。2008 年底四兆人民幣匆促投入內需，便是例證。這種發展環境最容易助長特權階級，他們控制了所有的關鍵與核心的經濟活動，並透過特殊的網絡或階梯，形成特有的階級。他們成為既得利益階級，更加捍

衛現狀，迴避政治改革。同時，官本位集權經濟一旦政府政策有誤，則風險更集中，民間部門恐無力分散風險、平衡風險，其所造成的災難遠比想像還大。

中國這種官本位的改革開放模式已碰到瓶頸，帶來自身民主難以開展的困境以及周邊國家對其發展的憂慮。由於資訊管控嚴格，再加上政府壟斷資源，當政府遇到外交困難時，如不是用鉅額利益去收買，便是調動民族主義強力排外：中國面對與越南的西沙主權之爭，最後以重金進行投資，加以收買，試圖將美日的影響力排除；但對日本釣魚台國有化的議題，則以大規模的示威抗議以及派出飛機與軍艦加以威脅。

由於中國政府是缺乏制衡力量的集權政體，其固可放手採以力壓人、以利誘人，卻仍無法以德服人。在現實國際環境中，中國基本上仍是孤鳥，並且不合民主的主流價值。中國崛起帶來現有國際秩序的可能改變，但中國的不民主，使得周邊國家對於它崛起後的利弊無法評估，因此對之多半帶著疑懼與抵制的態度。

循著同樣的邏輯，中國對台灣也做兩手準備，目前先以利誘，最終期望發揮經濟影響力，並逐步將美國勢力排除在外。然而，就在美日積極於與菲律賓加強軍事關係時，身置此防線上的台灣，實難以自外於此一漩渦。短時期內，中國應仍不至於對台武力威脅，以免給予美日菲更多藉機介入的口實。台灣安全依賴美國；在美日菲的聯盟上，台灣的角色也非常重要。

自 2008 年馬英九執政以來，中國的對台統戰，有了空前的斬獲。在外交上，以圍棋之勢圍台，而在兩岸政經關係上，則以象棋之姿攻台。在兩岸政治對弈的過程中，不可否認，北京不僅有

擁有主場優勢，而且是集權一條鞭，進行由上而下的指揮與運動，台灣則陷於內部紛擾，相互掣肘；藍綠惡鬥而非良性競爭。藍綠個別努力與紅之間的雙邊交流，藍綠之間反倒是處於只有鬥爭而沒有交流或合作的狀態。在開放與合作符於眼前的主流趨勢下，綠營對於短期的生存現實與長期憂慮未能分流處理；只有憂慮，卻缺乏積極出路之指引，令新選民無從信任。而各為執政的紅與藍黨，雖有大量交流與合作，但對於台灣選民未來的生計，尤其是政治生活是如何，並無法給選民可靠的承諾。國民黨欲更大幅開放中資進來，且要設辦事處，可以想像屆時共產黨的人脈與金脈的運用將更直接與靈活，其滲透力會更深更強，但國民黨並未提醒民眾，或提出一套說服反對者的機制與策略，使台灣得以規避可能的風險。

北京對台的「以商圍政，以民逼官」之計是陽謀而非陰謀，而執政的國民黨則以相對應的政治與法律機制來說服人民，欲使之加以順應，尤有甚者，由於北京也直接與台灣的民間建立交流管道，台灣政府已逐漸面臨被邊緣化，而失去統理與監護角色的危機。2012 年國民黨因為某些大企業最後的出面相挺而讓勝選機會擴大，此一役只聽國民黨洋洋得意的笑聲，卻未聽聞，一旦有一天，大企業也被迫選擇和北京合作來終結國民黨時，那又將是如何的處境？商人透過制度程序爭取或保障企業利益，固天經地義，但現在卻干預起政治認同的選擇，國民黨內部竟未見憂心者，這種讓北京透過系統心照不宣地公然影響台灣的選舉，一旦形成一種慣例，將是台灣的災難。如果這是公然被允許的事，那麼，將來是否華盛頓或東京，也可以如法炮製？

　　眼前最能保障台灣利益的就是選舉機制。但此一機制一旦被操縱在某些有力量的利益集團手中，台灣的政治前景將蒙上陰影。未來，台灣內部藍綠的權力分配要有更多人性的考慮。總統制這種贏者全拿，輸者退出的設計只會激發人性的惡鬥，無助於團結，以致於來自中國的外力並沒有讓台灣的內聚力增強，反而平添更多的分歧與互鬥。設想台灣如無國際因素的扶持，今日將是何種境地？但仰賴外力終非正辦，台灣也許可以考慮較有可能讓藍綠必須同處一室生活的內閣制（parliamentary cabinet system）。而為避免現有既得政治利益的阻擾，可採日出條款，讓新制度直到下一梯隊才生效。

　　當然，據實而言，台灣當前雖然面對重重的危機，但危機還不到危險的境界。然如任憑危機不斷重複，而沒有制度性的防範與紓解，則後果將不堪設想。目前尚值得慶幸的是，台灣議題本身即是具有高度國際利益的涉入，極為敏感，而目前中國雖崛起，但仍只是個體，尚未壯大成一個聯盟或集團的形式。相反地，自美國提出重返亞洲的再平衡戰略之後，其對中國崛起的警覺心更強，美中關係已由戰略夥伴轉為競爭對象，而其它強權除了俄羅斯外，顯然選擇了向美傾斜，紛紛欲與美國聯手壓制中國。即便目前中國認為最友好的俄羅斯也時時提防中國的崛起以及政治圖謀。迄今，面對國際的各種政經變局，中國仍處於一種回應式的地位，而其採取的方式比較是孤鳥而非由中國帶頭之結群成隊的作為。

　　美國的再平衡策略在亞太開始發酵，也和中國周邊幾個國家（菲律賓、越南、日本、印度）與中國關係的日益惡化現象，產生了呼應的聯盟效應。這讓中國在東海、南海、甚至印度洋的立足備感壓力。而美國欲於 2014 年完全自阿富汗撤軍，此舉勢必造成中

亞權力結構可能出現部分真空的困難，進而，中亞的不穩定將加深中國西北邊境的安全壓力，中國勢必除了應付來自東面與南面海上的壓力，還要留意後院的變化，可以說，需要首尾相顧，疲於奔命。如此困境下，台灣在安全上選擇向美國靠攏，使得台灣對於來自北京的立即壓力尚有加以因應的餘裕。

誠然，自 2008 年中，三通以來的兩岸大交流產生之後，台灣在政、經、社、文各個領域已更深與更廣地被編入中國體系之中。這是現實。尤其是，當台資走向以中國內需為導向的發展時，其對於中國市場與政策的依賴乃更加強烈。台灣整體經濟在一邊升級不力，另一邊更向中國傾斜的狀況下，其發展的態勢乃更趨向對中國的依賴。這種依賴關係使得台灣的生命線顯得相當脆弱與敏感。這迫使台灣的政黨在處理兩岸關係需格外謹慎。不過，換個角度異地而處，北京面對這個現象，其處境與心情，又未嘗不是如此。試想，在大中國的視野下，西藏、新疆或香港問題固不大，卻也夠讓北京傷透腦筋，而台灣的國際戰略地位特殊，又有實質主權的能量，北京如想安天下，面對台灣問題時，恐怕也不輕鬆，必然也需如臨深淵、如履薄冰。站在這個點上，台灣沒有理由像小學生一樣，只被動回應北京的頻頻出題，台灣作為區域利益與風險的重要關係者，也可以主動對北京出題，逼使北京答題。純就戰略地位與綜合國力，台灣並不下於越南，在北京眼裡，越南的戰略利益也不及台灣核心，但北京會在中越的西沙群島的衝突後，提供大筆經費向越南百般討好。此例既說明中國領導體制或執政現實的困境，也說明越南確實有值得台灣學習的地方。準此以觀，一個值得深思的課題是：面對兩岸關係，台灣是否太被動與怯懦了？

從道理看，只要中國保持開放和接觸，台灣便無法自外於此規律；一旦自外，則陷入被動處境。從綜合國力或國際名份，面對兩岸交流，台灣只能在「對中依賴」與「被孤立」的兩種處境中選擇。在亞太諸國中，對中依賴並非只有台灣；對中依賴，並不必然成為政治附庸，但看自身的心理狀態與策略準備。相較而言，「依賴式發展」尚有可圖，「被孤立」則將是小島的悲哀，除非台灣能像日本這般具有多角化與全球化的貿易與投資能耐。日本國有化釣魚台後，在中國或暗或明的經濟制裁下，其企業被迫下決心將投資置於中國之外，此一決心對台灣的長遠發展應有所啟示。但眼前在台灣高度依賴中國的投資地與市場的狀況下，其經驗卻是台灣所不能立即採用的。但無論如何，就長遠來看，未雨綢繆，台灣應更積極於國際化工作。人民趨利如水走下，政治不宜也無力干預民間利益遊走兩岸，但做為像監護人般的政府角色，應為台灣的長遠未來鋪奠後路，而非跟著一窩蜂捲入。

順著國際的主流思潮看來，不管兩岸關係走向如何，「和平解決」會一直是國際強權的主流利益與價值，除了美國外，其他強權，包括中國自身，也都一再宣示此一立場，台灣又如何能置身此一規律之外？台灣應展現對和平毫無保留的支持。眼前，台灣透過選舉來決定執政權的歸屬，由之而左右重大政策的走向，固成為兩岸關係的不穩定因素，為北京所不安，中國高層已時時不斷提醒台灣，不能讓現狀久拖不決，但這畢竟是中國自身的急迫感與國家議程，台灣不必替中國操切，更不必受惑於其攻心之策而自亂陣腳。北京的焦躁只是更透顯其無力感，台灣應透過選舉溫和理性地讓北京知道，選舉結果只能是出於台灣人民自主的選擇。

未來，面對北京綿綿不斷的政治攻勢，民主認同仍是台灣應堅持的理念。台灣需要在民主規則與運作上尋求精進，在此基礎上建立一種新的命運共同體。北京有其中國夢，吾人不妨抱以祝福，但台灣要獲得支持與欣賞，實應全力追求民主夢。台灣可以和中國發展特殊關係，但必須以普世的民主理念與體制的接軌為前提。

尤以，台灣的總體能量有限，台灣的國際地位受限制，對台灣而言，樸實無華的低頭耕耘而獨善其身才是根本之道。做好自身的事，台灣的行情自然提昇。對於東海與南海紛爭台灣只需例行地表達聲索權，不必沸沸揚揚地跟著湊熱鬧，短時間，看不出台灣在此議題有增值的空間。台灣位居富庶東亞的中心點，不積極參與整合，失會遠多於得。整合會有風險，但風險要靠策略與管理來規避或降低，而不是逃避。向來經濟保護主義極強的日本，短短兩年多便簽署跨太平洋經濟夥伴關係協議，台灣欲加入固仍須克服來自中國的政治干擾，但日本開放的決心與步驟卻值得台灣政府反省與學習。韓國勇敢與積極的國際化作為，亦值得台灣借鏡。

概括來說，經濟上依賴中國，安全上依賴美國，這仍是目前乃至未來相當時間內台灣必須面對的現實，政府制訂政策方針時，自需加以考慮，但執政者必須有擺脫對中國經濟依賴的長期盤算與布局。這一代人應為下一代人營造空間與機會，提供更多的選擇權。這不是雄圖亦非宏論，而是一種平實的責任與義務。畢竟，這一代的台灣人正承襲了前代人的努力與遺緒，才有今日的立錐之地。這一代人即便無能為下一代人創造太多的機會，至少也沒有理由剝奪下一代人維持現狀的選擇權。

參考書目

工商時報社論，2013。〈小龍年看大陸經濟的「量變」與「質變」〉年2月17日（http://news.chinatimes.com/forum/11051403/122013021700076.tml）（2013/2/17）。

中央社，2009 年。〈小澤訪中和胡錦濤會談有助提高黨內影響力〉，12月 10 日，<http://news.cts.com.tw/cna/international/200912/200912100361641.html>（2013/11/3）

中評社，2012。〈俄總理旋風式訪問越南　欲在南海合作採油〉《中國評論新聞網》11 月 9 日（http://www.chinareviewnews.com）（2013/2/16）。

中評社，2012。〈馬英九：未來四年　堅持不統不獨不武〉《中國評論新聞網》，1 月 25 日（http://www.chinareviewnews.com/doc/1019/9/0/2/101990227.html?coluid=98&kindid=2991&docid=101990227&mdate=0129004332）。（2013/11/4）。

中評社，2012 年。〈富權：要擴大深化兩岸關係就應有戰略眼光〉《中國評論新聞網》，10 月 26 日，（http://www.chinareviewnews.com/doc/1022/8/2/0/102282050.html?coluid=7&kindid=0&docid=102282050　）（2013/11/4）。

王宗銘，2013。〈吳伯雄：國民黨很辛苦　兩岸需耐心〉《中國評論新聞網》，3 月 4 日（http://www.chinareviewnews.com/doc/1024/5/6/4/102456471.html?coluid=1&kindid=0&docid=102456471&mdate=0304000435）（2013/3/4）。

王銘義，1997。《兩岸和談》。台北：財訊。

王鼎鈞 a，2013。〈幕後／連戰、馬英九為十六字箴言駁火？總統府細說分明〉《今日新聞》。3 月 1 日（http://www.nownews.com/2013/03/01/

301-2908097.htm）（2013/11/4）。

王鼎鈞 b，2013。〈馬英九、連戰因十六字箴言駁火？李佳霏：謝謝長輩的指教〉《Yahoo 奇摩新聞網》。3 月 1 日（http://tw.news.yahoo.com）（2013/11/4）。

台灣智庫主權及國際組，2005。《現階段台灣對中國政策的新戰略思考》，http://www.taiwanthinktank.org/page/chinese_attachment_3/2352/05_3.pdf

江迅，2004。〈北京對台又甜又軟〉《亞洲週刊》，（http://www.yzzk.com/cfm/Content_Archive.cfm?channel=ae&path=3236411881/04ae3.cfm）

行政院大陸委員會香港事務局商務組，2013 年。〈中國大陸、日本、韓國自由貿易區第二輪談判今開啟，三方仍在摸底〉《經濟部貿易談判代表辦公室網站》，7 月 30 日，<http://tw.myblog.yahoo.com/timlin366/article?mid=144&prev=151&next=142>（2013/11/3）

多維新聞，2013 年。〈陸：連戰十六字主張何錯之有？〉《多維新聞網》，3 月 3 日，（http://taiwan.dwnews.com/big5/news/2013-03-03/59152248.html）（2013/3/4）。

李晶，2009 年。〈任志強：中國不需人人都買得起房　有其所者不應再買〉，《中國經濟網》8 月 12 日，<http://house.people.com.cn/GB/9838266.html〉（2013/11/3）.

李家泉，2013。〈兩岸和平協議　馬英九該考慮了〉《東南網》，1 月 25 日，（http://big5.chinataiwan.org/gate/big5/www.taiwan.cn/xwzx/la/201301/t20130125_3589395.htm）（2013/02/19）。

李淑華，2013。〈兩岸議題　總統：未避政治問題〉《中央社》，10 月 25 日，載於《新浪新聞》，http://news.sina.com.tw/article/20131025/10952391.html（2013/11/4）。

李淳，2013。〈台灣想入 RCEP　關鍵在印尼〉《時論及政策廣場》，《中華經濟研究院網站》，9 月 23 日。<http://www.cier.edu.tw/ct.asp?xItem=18952&ctNode=61&mp=1>（2013/11/4）。

李華芳，2012。〈中國模式的爭議〉，12 月 12 日（http://blog.sina.com.cn/s/blog_49275b420102ecb5.html）（2013/2/16）。

李登輝、中嶋嶺雄，2000。《亞洲的智略》。台北：遠流。

李明峻，2007〈印度的領土糾紛與其因應策略〉，施正鋒、謝若蘭編，《當代印度民主政治》。台北：台灣國際研究學會。頁 147-190。

李曉宇，2012。〈南爭北延　俄艇炮擊中國漁船〉《香港大紀元》，7 月 9 日（http://hk.epochtimes.com/b5/12/7/19/161520.htm〉（2013/11/4）。

余莓莓，《破冰與決堤：國共擴大接觸對兩岸關係的衝擊》（臺北縣蘆洲市：晶典文化，2009）。

林若雯，2007。〈中國與印度的安全關係：1989-2006〉，施正鋒、謝若蘭編，《當代印度民主政治》。台北：台灣國際研究學會。頁 113-145。

周怡倫，2012 年。〈邱進益揭密兩岸：與馬英九制定歷史性文字〉《中國評論新聞網》，11 月 2 日（http://www.chinareviewnews.com/doc/1022/8/7/9/102287957.html?coluid=1&kindid=0&docid=102287957　）（2013/11/4）。

孟玄，2013。《風向》越南是中國突破南海關鍵〉《世界新聞網》10 月 20 日<http://www.worldjournal.com/view/full_weekly/23879962/article--%E9%A2%A8%E5%90%91-%E8%B6%8A%E5%8D%97%E6%98%AF%E4%B8%AD%E5%9C%8B%E7%AA%81%E7%A0%B4%E5%8D%97%E6%B5%B7%E9%97%9C%E9%8D%B5?instance=ddd2>（2013/11/4）。

書山編譯，2010。〈俄稱中國實力增長和戰爭陰影刺激印度敏感神經〉，《新華網》9 月 9 日，<http://news.xinhuanet.com/mil/2010-09/09/content_14151813.htm>（2013/11/4）

倪鴻祥，2012 年。〈馬英九提出未來三年兩岸政策三大重點〉《中國評論新聞網》，11 月 3 日（http://www.chinareviewnews.com/crn-webapp/doc/docDetailCNML.jsp?coluid=98&kindid=2992&docid=102290885　）（2013/11/4）。

高長、張至輝，2012。〈2012 年兩岸經貿關係：回顧與展望〉《鉅亨網雜誌》，2 月 14（http://tw.mag.cnyes.com/Content/20120214/6D46BA9C87BE479499C7B7589E733D01.shtml）（2013/11/4）。

高遠，2007。〈中國是否還是巴基斯坦的戰略夥伴？專家談中、巴、印、美的四角關係〉，《大紀元》，1 月 14 日，http://www.epochtimes.com/b5/7/1/14/n1589745.htm>（2013/11/4）。

胡瀟文編輯，2011。〈印度防務代表團將訪華 重啟雙方關係〉，6 月 17 日，《東南亞南亞研究網》，<http://www.seasas.cn/article-114-1.html>（2013/11/4）。

馬加力，2010。〈能源壓力日益嚴峻 中印能源合作符合共同利益〉，《中國網》，3 月 26 日，<http://big5.china.com.cn/international/txt/2010-03/26/content_19645451_2.htm>（2013/11/4）。

國台辦，2013。〈鼓勵兩岸和平論壇促進兩岸民間政治對話〉《人民網》，10 月 16 日，http://tw.people.com.cn/BIG5/n/2013/1016/c43949-23221349.html（2013/11/4）。

張旭東、韓潔、安蓓，2010。〈政府工作報告：財政赤字首破萬億元傳遞三大信號〉，《新華網》，3 月 5 日，<http://big5.gov.cn/gate/big5/www.gov.cn/2010lh/content_1548602.htm>（2013/11/3）

許菁芸，2013。〈中台俄關係二十年——權力、利益、認知的回顧與前瞻〉《台北論壇》，11 月 4 日，<http://140.119.184.164/taipeiforum/award_pdf/8.php>（2013/11/3）

黃海燕，2010。〈對中國農村反貧困的思考〉《中國共產黨新聞網》，10 月 9 日（http://theory.people.com.cn/BIG5/12902453.html）（2013/2/16）。

郭玫君，2013。〈唐樹備：兩岸無限期不統一 違背九二共識〉《中時電子報》，2 月 18 日（http://news.chinatimes.com/wantdaily/11052101/112013021800173.htm）（2013/11/4）。

趙雲山，1996。《消失中的兩岸》。台北：新新聞。

2011。〈國家統計局公佈 2010 年中國經濟資料 GDP 增 10.3%〉，《天津網》，1 月 20 日，<http://www.tianjinwe.com/tianjin/tbbd/201101/t20110120_3219697.html>（2013/11/3）

2011 年。〈2010 年中國外匯儲備 2.8 萬億美元 同比增 18.7%〉，《人民網》，1 月 11 日，<http://news.0898.net/2011/01/11/621131.html>（2013/11/3）.

2011 年。〈中國財政部：2010 年財政赤字規模或占 GDP 的 1.63%〉,《匯通網》,1 月 21 日,<http://www.fx678.com/C/20110121/2011012 10939131388.html>（2013/11/3）.

2013 年。〈中國公佈基尼係數　減小收入差距迫在眉睫〉《新聞視頻中心,KTSF》,1 月 18 日（http://www.ktsf.com/china-reports-income-gap-says-action-needed）（2013/2/16）。

2012。〈中日釣魚台紛爭　賴中國強力領導〉《台灣醒報》,8 月 29 日,（http://news.sina.com.tw/article/20120829/7733506.html）（2013/11/4）

2010。〈今晚全球：日本放棄優先發展日中關係〉《鳳凰博報》,11 月 22 日（ http://big5.ifeng.com/gate/big5/blog.ifeng.com/article/8809223.html,（2013/11/4）

2013。〈中印從爭議地帶撤軍　"帳篷對峙"暫平息〉,《古漢台》,5 月 7 日<http://news.guhantai.com/2013/0507/237037.shtml>（2013/11/4）。

2013 年。印度：2012 年印中貿易赤字跌幅逾 10%〉,《搜狐》,01 月 21 日,<http://roll.sohu.com/20130121/n364192848.shtml>。

2013 年。〈日俄聯合軍演牽制中國〉,《中時電子報》,11 月 1 日,<http://www.chinatimes.com/newspapers/%E6%97%A5%E4%BF%84%E8%81%AF%E5%90%88%E8%BB%8D%E6%BC%94%E7%89%BD%E5%88%B6%E4%B8%AD%E5%9C%8B-20131101000928-260108（2013/11/4）。

2013。〈英媒：中俄關係密切但仍存難題〉《BBC 中文網》,<http://www.bbc.co.uk/zhongwen/trad/press_review/2013/03/130323_press_xi_russia_visit.shtml>（2013/11/4）。

2013。〈李克強訪越南　釋「南海新政」〉《東方日報》,10 月 13 日,<http://www.orientaldaily.com.my/index.php?option=com_k2&view=item&id=79150>（2013/11/4）

2013。〈南沙群島〉,《百度百科》,<http://baike.baidu.com/view/16187.htm>（2013/11/4）。百度記載：據專家估計,有 140 億噸石油和 22.5 萬億噸石油當量的天然氣。

2002 年。〈北京紀念「江八點」七周年　錢其琛發表講話（全文）〉《中國新聞網》，1 月 24 日，<http://news.sohu.com/65/68/news147746865.shtml>（2013/11/4）。

2013。〈台灣經濟預測，二○一二年第二季〉《中華經濟研究院，經濟展望中心》2002 年 4 月 17 日（http://www.cier.edu.tw/cef/2012Q2-data.pdf）（2013/11/4）。

2013 年。〈華媒解讀習蕭會：大陸表現出更為積極進取姿態〉《中國新聞網》，10 月 8 日，http://big5.chinanews.com.cn:89/gate/big5/www.chinanews.com/hb/2013/10-08/5349599.shtml（2013/11/4）。

2013。〈龍象相爭下的中印新型大國關係　方天賜：爭而避鬥〉，《中央廣播電台》，5 月 21 日，<http://www.people.com.cn/GB/jingji/1037/2904445.html>（2013/11/4）。

2010。〈釣魚台撞船事件　中日兩國相互提抗議〉《BBC 中文網》，9 月 7 日 <http://www.bbc.co.uk/zhongwen/trad/china/2010/09/100907_china_japan_diaoyu_crash.shtml>（2013/11/4）。

程嘉文、林庭瑤，2013。〈蕭萬長三期許習近平促解政治分歧〉《聯合報》，10 月 7 日 <http://udn.com/NEWS/WORLD/WORS4/8208665.shtml>（2013/11/4）。

趙干城，2012。〈略論中印經貿關係若干問題〉，《南亞研究》，上海國際問題研究院南亞研究中心，第 2 期，<http://www.siis.org.cn/Lunwen_View.aspx?lid=10000487>（2013/11/4）。

楊宜敏、胡健森，2012。〈南方澳「現撈仔」業者：8 成來自釣島海域〉，《自由電子報》，9 月 26 日，<http://www.libertytimes.com.tw/2012/new/sep/26/today-north11.htm>（2013/11/4）。

陳家齊，2010。〈東協防長會談　憂中國坐大〉《蘋果日報》，10 月 13 日（http://tw.nextmedia.com/applenews/article/art_id/32881063/IssueID/20101013）（2013/11/4）。

陳破空，2013。〈八老後人大舉斂財，中國是他們的？〉，《自由亞洲電台》，1 月 1 日，<http://www.rfa.org/mandarin/pinglun/cpk-010220

13100435.html>（2013/2/16）。

陳致畬，〈大陸對東協飆速成長超越日本〉，《經濟日報》，2013 年 8 月 9 日<http://tw.myblog.yahoo.com/timlin366/article?mid=144&prev= 151&next=142>（2013/11/4）。

陳恆光，2013 年。〈兩岸/李逸舟：應繼續積極推動民間政治對話〉《中央網路報》，10 月 20 日，載於《新浪新聞》，<http://news.sina.com. tw/article/20131020/10903612.html（2013/11/4）>（2013/11/4）。

曹中原編輯，2012。〈印度媒體稱對華貿易逆差擴大讓印緊張〉，《新華網》，引自：《中國網河南頻道》，11 月 1 日，<http://henan.china. com.cn/news/hot/201211/S04380IDJ6.html>（2013/11/4）。

黃蔚，2012。〈東盟東亞峰會三大看點　領土爭端居首〉《中國評論新聞網》，11 月 17 日，（http://www.chinareviewnews.com）（2013/2/16）。

陳明道，2005 年。〈統派看反分裂法，宛如把毒藥當糖果包裹糖衣的毒藥〉《新台灣周刊》第 469 期。<ewtaiwan.com.tw/bulletinview.jsp? period=469&bulletinid=21548>（2005/3/18）

楊孟瑜，2002。〈台灣高度重視大陸三通表示〉《BBC 中文網》，10 月 17 日<http://news.bbc.co.uk/hi/chinese/news/newsid_2335000/23358291. stm>（2013/11/4）。

楊志恆，2004。〈中共利用「布溫會晤」打壓台灣外交之研析〉《陸委會大陸工作簡報》，2 月，頁 5-7。

維基百科，2013。〈人口老化〉，1 月 29 日（http://zh.wikipedia.org/wiki）（2013/3/2）。2005. pp.56-57.

綜合報導，2010 年。〈中國外匯存底占全球 30.7%〉，《世界日報新聞網》，2 月 22 日，<http://www.udnbkk.com/article/2010/0222/article_64965. html>（2013/11/3）

黎茗，2013。〈2012 總統大選結果與我們的任務〉（http://www.xinmiao.com. hk/0001/20120305.01T.htm）（2013/11/4）。

編譯中心，2010。〈中國南海核心利益　鄰國憂慮〉，7 月 12 日（http:// www.worldjournal.com/view/full_news/8741816/article-%E4%B8%AD

%E5%9C%8B%E5%8D%97%E6%B5%B7%E6%A0%B8%E5%BF%83
%E5%88%A9%E7%9B%8A-%E9%84%B0%E5%9C%8B%E6%86%82
%E6%85%AE?instance=china_bull）（2013/11/4）。

劉剛，2013。〈中國印度簽署新的邊境協議 化解糾紛〉，中廣新聞，《新
聞速報》，5 月 12 日，<http://news.chinatimes.com/world/11050404/
132013051200782.htm>（2013/11/4）。

蔡逸儒，2012。〈選後馬英九的兩岸政策〉《中國評論新聞網》，1 月 25
日（http://www.chinareviewnews.com/doc/1019/9/0/0/101990085_2.html?
coluid=7&kindid=0&docid=101990085&mdate=0125153321）（2013/11/
4）。

錢鋼，2010。〈再談中國模式：爭議與價值分化〉《傳媒透視》（http://rthk.
hk/mediadigest/20100315_76_122577.html）（2013/2/16）。

魏愷責編，2010。〈印度總理辛格稱與中國合作機會極多〉，10 月 29 日，
《新華網》，<http://news.tom.com/2010-10-29/OKVF/05781937.html>
（2013/11/4）Naveen Kapoor, "World large enough to accommodate
ambitions of India and China: PM," ANI, October 27, 2010, <http://news.
oneindia.in/2010/10/27/worldlarge-enough-to-accomodate-ambitions-of-
india-andchin.html>（2013/11/4）

龍村倪，2006。〈釣魚台及春曉油田──日本劃定的「防空識別區」〉，
《全球防衛誌》，第 261 期，5 月，<http://www.diic.com.tw/mag/
mag261/261-68.htm   http://www.diic.com.tw/mag/mag261/261-68.htm>
（2013/11/4）。

閻光濤，2013。〈釣魚台／綠高層：馬宣示兩岸不聯手保釣 因應外在施
壓〉《新浪新聞網》《中央日報》，2 月 22 日（http://news.
sina.com.tw/article/20130222/9018139.html）（2013/11/4）。

顏建發，2013。〈南海的國際競逐與台灣的選擇〉《台北論壇》，1 月 15
日（http://140.119.184.164/taipeiforum/print/P_31.php（2013/11/4）。

顏建發，2010。〈民進黨執政以來中國對台政策的鬆緊變化〉《PDF.IO》，
10 月 9 日（http://www.pdfio.com/k-3596604.html）（2013/11/4）。

蘇嘉宏。2012。〈兩岸和平協定取向：一些台灣觀點〉《中國評論新聞網》。11 月 30 日（http://www.chinareviewnews.com/doc/1023/1/7/4/102317492.html?coluid=136&kindid=4730&docid=102317492&mdate=1130104724）（2013/11/4）。

AFP. 2010. "US concerned about Taiwan ex-generals' China visits: report," August 30, (http://www.google.com/hostednews/afp/article/ALeqM5gjPeOulsXVMc3XuBq33qgWjgmaSw) (2013/11/4).

Begawan, Bandar Seri 2013. "ASEAN-China trade reaches record high," The Brunei Times, February 7, <http://www.bt.com.bn/business-national/2013/02/07/asean-china-trade-reaches-record-high> (2-13/11/4)

CAN, 2013."Ma's peace initiative the only actual attempt to solve islet row: Armitage," February27, http://www.chinapost.com.tw/taiwan/foreign-affairs/2013/02/27/371470/Mas-peace.htm (2013/11/4)

Chari, P.R., Cheema Pervaiz Iqbal and Cohen,Philip, 2003. Perception, Politics and Security in South Asia: The Compound Crisis of 1990. London: Routledge Curzon.,p.143

Mark W. Frazier, " 9. Quiet Competition and the Future of Sino-Indian Relations," pp.294-295&317.

Feigenbaum, Evana. & Manning, Robert A. 2012. "A Tale of Two Asias," National Security, October 31, http://www.foreignpolicy.com/articles/2012/10/30/a_tale_of_two_asias?page (2013/11/4)

Hille, Kathrin, 2006."Opposition chief plans to force Chen's hand on China link Taiwan politics", Financial Times, January 9, p.3.

Hsiung, James C., U.S.-Russia-China: An Update on the Strategic Triangle. RIANGLE, <http://www.nyu.edu/gsas/dept/politics/faculty/hsiung/strat_tri.pdf> （2013/11/4）

Kapila, Subhash, 2013. "Vietnam President's Significant Visit To United States – Analysis,"July 31, 2013<http://www.eurasiareview.com/31072013-vietnam-presidents-significant-visit-to-united-states-analysis/> (2013/11/4)

Katz, Mark N. 2007. Russia's Security Challenges. <http://www.isn. ethz.ch/Digital-Library/Publications/Detail/?ots591=0c54e3b3-1e9c-be1e-2c24-a6a8>c7060233&lng=en&id=58416> (2013/11/4)

Kim, Lucian "Putin's China Visit Helps Russia Become Global Energy Supplier?" Bloomberg, 13 October, 2009<http://www.oilandgaseurasia. com/news/p/0/news/5871> (2013/11/4)

Legvold, Robert. 2009. "The Russia File: How to Move Toward a Strategic Partnership," Foreign Affairs, July/ August, pp.78-93.

Lowther, William., 2012. "US' Campbell asks China to rethink new passports," http://www.taipeitimes.com/News/taiwan/archives/2012/12/01/2003549065 (2013/11/4)

Mancheri, Nabeel A. and Gopal, S. 2012. "How Does India Perceive China's Rise? Foreign Policy Journal, <http://www.foreignpolicyjournal.com/2012/12/18/how-does-india-perceive-chinas-rise>

N.A., 2013. "Briefing India as a great power," The Economist, March 30th, p.20.

N.A, 2013. "Financial cost of the Iraq War" 2 November, Wikipedia, <http://en.wikipedia.org/wiki/Financial_cost_of_the_Iraq_War> (2013/11/3)

N.A., 2012. " Friend, enemy, rival, investor," The Economist, June 30th, pp.31-32.

N.A., 2010. "India's threat perception of China," Mashup, November 21, <http://www.china-defense-mashup.com/indias-threat-perception-of-china. html> (2013/11/4)

N.A., 2012. The Economist, June 30th, pp.31-32

Nguyen, Hai Hong, 2013. "US-Vietnam Ties： Time for a Rethink?" The Diplomat, July 25th, <http://thediplomat.com/2013/07/25/us-vietnam-ties-time-for-a-rethink> (2013/11/4)

Novosti, RIA, 2008. "PM Putin suggests Russia, China ditch dollar in trade deals,"28 October, http://en.rian.ru/russia/20081028/117991229.htm (2013 11/4)

Perlez, Jane. 2012. "Alarm as China Issues Rules for Disputed Area," December 02, http://chinhdangvu.blogspot.tw/2012/12/alarm-as-china-issues-rules-for.html (2013/11/4)

Perlez, Jane. 2012. "Beijing Exhibiting New Assertiveness in South China Sea," May 31, http://www.nytimes.com/2012/06/01/world/asia/beijing-projects-power-in-strategic-south-china-sea.html?pagewanted=all (2013/11/4)

Phy, Sopheada. 2009. "The management of the Spratly Islands conflict : Success or failure?" June 2, <http://www.monitor.upeace.org/innerpg.cfm?id_article=623> (2013/11/4)

Press Release, 2013. "JETRO survey: Analysis of Japan-China Trade in 2012 and outlook for 2013," News & Updates, https://www.jetro.go.jp/en/news/releases/20130219452-news (2013/11/4)

PRIO Network, 2011. "Maritime Conflict in Asia," Center for the Study of Civil War, May, <http://www.prio.no/Maritime-Conflict-in-Asia/> (2013/11/4)

Resource Center, 2013 "Association of Southeast Asian Nations," Office of United States Trade Representative," http://www.ustr.gov/countries-regions/southeast-asia-pacific/association-southeast-asian-nations-asean (2013/11/4)

Roche, 2012. Elizabeth "India, Asean seek enhanced maritime security cooperation," Dec 20, <http://www.livemint.com/Home-Page/xX888o6Uszce35XCea5wxL/IndiaAsean-finalize-FTA-in-services-investments.html> (2013/11/4).

Scrutton, Alistair, 2010. "India PM warns China wants foothold in South Asia," Reuters, Tue Sep 7, http://www.reuters.com/article/2010/09/07/sindia-china-idUSTRE6860NU20100907 (2013/11/4)

Special Correspondent, 2006. "Kalam, Hu Jintao speak of parallel rise of China, India," The Hindu <http://www.hindu.com/2006/11/22/stories/2006112217141400.htm> (2013/11/4).

Stephen Harner, 2012 "Mounting Japan Trade Deficits Raise Urgency of TPP, Japan-China-Korea, and Asean+6 Trade Talks," Forbes, October 23, <http://www.forbes.com/sites/stephenharner/2012/10/23/mounting-japan-trade-deficits-raise-urgency-of-tpp-japan-china-korea-and-asean6-trade-talks/> (2013/11/4).

Tymoshenko, Yuliya., 2007. " Containing Russia," Foreign Affairs, May/June, pp.69-82.

Wang, Jisi., 2005. "China's Search for Stability with America", Foreign Affairs, Vol.84, no. 5, Sep/Oct, p.39.

Wu, Jinglian, 2005. "China's Heavy Industry Delusions." Far Eastern Economic Review, Jul/Aug No. 7, Vol. 168, pp.56-57.

Yu, Bin, 2000. "China-Russian Relations: New Century, New Face, and China's Putin Puzzle."<http://csis.org/files/media/csis/pubs/0001qchina_russia.pdf> (2013/11/4).

新‧座標21　PF0137

新銳文創
INDEPENDENT & UNIQUE

台灣的選擇
──亞太秩序與兩岸政經的新平衡

作　　者	顏建發
責任編輯	鄭伊庭
圖文排版	陳彥廷
封面設計	王嵩賀

出版策劃	新銳文創
發 行 人	宋政坤
法律顧問	毛國樑　律師
製作發行	秀威資訊科技股份有限公司
	114 台北市內湖區瑞光路76巷65號1樓
	電話：+886-2-2796-3638　傳真：+886-2-2796-1377
	服務信箱：service@showwe.com.tw
	http://www.showwe.com.tw
郵政劃撥	19563868　戶名：秀威資訊科技股份有限公司
展售門市	國家書店【松江門市】
	104 台北市中山區松江路209號1樓
	電話：+886-2-2518-0207　傳真：+886-2-2518-0778
網路訂購	秀威網路書店：http://www.bodbooks.com.tw
	國家網路書店：http://www.govbooks.com.tw

出版日期	2014年2月　BOD一版
定　　價	280元

國家圖書館出版品預行編目

臺灣的選擇：亞太秩序與兩岸政經的新平衡 / 顏建發著. --
一版. -- 臺北市：新銳文創, 2014.02
　　面；　公分
BOD版
ISBN　978-986-5915-99-5 (平裝)

1.區域經濟　2.兩岸關係　3.中國

552.2　　　　　　　　　　　　　　　　102027348

讀者回函卡

感謝您購買本書，為提升服務品質，請填妥以下資料，將讀者回函卡直接寄回或傳真本公司，收到您的寶貴意見後，我們會收藏記錄及檢討，謝謝！如您需要了解本公司最新出版書目、購書優惠或企劃活動，歡迎您上網查詢或下載相關資料：http:// www.showwe.com.tw

您購買的書名：＿＿＿＿＿＿＿＿＿＿＿＿＿＿＿＿＿＿＿＿＿＿＿＿

出生日期：＿＿＿＿＿年＿＿＿＿＿月＿＿＿＿＿日

學歷：□高中 (含) 以下　　□大專　　□研究所 (含) 以上

職業：□製造業　□金融業　□資訊業　□軍警　□傳播業　□自由業
　　　□服務業　□公務員　□教職　　□學生　□家管　　□其它＿＿＿＿

購書地點：□網路書店　□實體書店　□書展　□郵購　□贈閱　□其他

您從何得知本書的消息？

　　□網路書店　□實體書店　□網路搜尋　□電子報　□書訊　□雜誌

　　□傳播媒體　□親友推薦　□網站推薦　□部落格　□其他＿＿＿＿＿＿

您對本書的評價：(請填代號　1.非常滿意　2.滿意　3.尚可　4.再改進)

　　封面設計＿＿＿　版面編排＿＿＿　內容＿＿＿　文／譯筆＿＿＿　價格＿＿＿

讀完書後您覺得：

　　□很有收穫　□有收穫　□收穫不多　□沒收穫

對我們的建議：＿＿＿＿＿＿＿＿＿＿＿＿＿＿＿＿＿＿＿＿＿＿＿＿

＿＿＿＿＿＿＿＿＿＿＿＿＿＿＿＿＿＿＿＿＿＿＿＿＿＿＿＿＿＿＿＿

＿＿＿＿＿＿＿＿＿＿＿＿＿＿＿＿＿＿＿＿＿＿＿＿＿＿＿＿＿＿＿＿

＿＿＿＿＿＿＿＿＿＿＿＿＿＿＿＿＿＿＿＿＿＿＿＿＿＿＿＿＿＿＿＿

11466
台北市內湖區瑞光路 76 巷 65 號 1 樓

秀威資訊科技股份有限公司　　　收

BOD 數位出版事業部

⋯⋯⋯⋯⋯⋯⋯⋯⋯⋯⋯⋯⋯⋯⋯⋯⋯⋯⋯⋯⋯⋯⋯⋯⋯⋯⋯⋯⋯⋯

（請沿線對折寄回，謝謝！）

姓　　名：＿＿＿＿＿＿＿＿　年齡：＿＿＿　性別：□女　□男

郵遞區號：□□□□□

地　　址：＿＿＿＿＿＿＿＿＿＿＿＿＿＿＿＿＿＿＿＿＿＿＿

聯絡電話：(日) ＿＿＿＿＿＿＿＿＿　(夜) ＿＿＿＿＿＿＿＿＿

E-mail：＿＿＿＿＿＿＿＿＿＿＿＿＿＿＿＿＿＿＿＿＿＿＿＿